Professionelle Kommunikation im Schulalltag

Professionelle Kommunikation im Schulalltag

Praxishilfen für Lehrkräfte

von

Gustav Keller

HOGREFE

GÖTTINGEN · BERN · WIEN · PARIS · OXFORD · PRAG
TORONTO · BOSTON · AMSTERDAM · KOPENHAGEN
STOCKHOLM · FLORENZ · HELSINKI

Dr. Gustav Keller, geb. 1950. Studium der Psychologie. Promotion zum Dr. phil. Langjährige Tätigkeit als Schulpsychologe, Psychologischer Schulberater, Supervisor, Lehrerfortbildner.

Bibliografische Information der Deutschen Nationalbibliothek
Die Deutsche Nationalbibliothek verzeichnet diese Publikation in der Deutschen Nationalbibliografie; detaillierte bibliografische Daten sind im Internet über http://dnb.dnb.de abrufbar.

Göttingen • Bern • Wien • Paris • Oxford • Prag • Toronto • Boston
Amsterdam • Kopenhagen • Stockholm • Florenz • Helsinki
Merkelstraße 3, 37085 Göttingen

http://www.hogrefe.de
Aktuelle Informationen • Weitere Titel zum Thema • Ergänzende Materialien

---

Umschlagabbildung: © yaviki – Fotolia.com
Satz: Meike Cichos, Göttingen
Gesamtherstellung: Hubert & Co, Göttingen
Printed in Germany
Auf säurefreiem Papier gedruckt

ISBN 978-3-8017-2598-3

Inhalt

1 Einleitung

Gespräche führen ist eine der Hauptaufgaben von Lehrerinnen und Lehrern.

Reinhold Miller

Kommunikation ist die Brücke von Mensch zu Mensch. Wir brauchen Kommunikation, um uns zu verständigen, zusammen zu leben, zusammen zu arbeiten und zusammen zu lernen. Auf dieser Brücke kann viel gelingen, aber auch viel misslingen. Dies gilt sowohl für die Schule als auch für alle menschlichen Beziehungsorte.

Im pädagogischen Arbeitsalltag ist die kommunikative Kompetenz notwendiger denn je. Man spricht von einer Schlüsselqualifikation, die jede Lehrerin und jeder Lehrer aufweisen muss. Gut zu kommunizieren ist ein zentrales Merkmal der Lehrerprofessionalität. Das heißt, dass Sie als Profi über ein fundiertes Wissen und ein flexibles Repertoire verfügen, um in den schulischen Gesprächs-, Konflikt- und Moderationssituationen wirksam handeln zu können.

Niemand wird als Kommunikator geboren, sondern er wird es durch systematisches Lernen und kontinuierliches Üben. Deshalb ist es Ziel dieses Buches, Ihnen kommunikatives Grundwissen zu vermitteln und Sie zur professionellen Kommunikation in konkreten Situationen des Berufsalltags anzuleiten. Sie erfahren,

- wie Kommunikation funktioniert,
- wie man Beratungsgespräche führt,
- wie man Konflikte löst,
- wie man Konferenzen moderiert,
- wie man Gesprächsrunden leitet,
- wie man sich kollegial berät,
- wie man sich kollegial Feedback gibt,
- wie man mit Widerstand umgeht,
- wie man die schulische Kommunikationskultur gestaltet.

Jeder Baustein besteht aus Grundinformationen, Verhaltensempfehlungen und abschließenden Geschichten zum Nachdenken. Letztere sollen bewirken, dass das Gelernte nicht nur in der linken, sondern auch in der rechten Gehirnhälfte verankert wird.

2 Kommunikationspsychologisches Grundwissen

Kommunikation ist ein Tango, der zu zweit getanzt wird.

Friedemann Schulz von Thun

Durch Kommunikation treten Menschen miteinander in Beziehung – innerhalb der Schule und außerhalb der Schule. Wenn Menschen miteinander kommunizieren, tauschen sie Botschaften aus. Zunächst verschlüsselt der Sender seine Botschaft in sprachliche und nichtsprachliche Zeichen und teilt sie dem Empfänger auf verschiedenen Kanälen mit. Der Empfänger entschlüsselt sie und gibt dem Sender eine Rückmeldung, sodass die Kommunikation zu einem kreisförmigen Prozess wird. Selbst wenn der Empfänger schweigt, ist dies bereits schon wieder eine Mitteilung. Deshalb lautet das erste Axiom der Kommunikationstheorie von Paul Watzlawick (vgl. Watzlawick et al., 2011): Man kann nicht nicht kommunizieren.

Wenn zwei Menschen miteinander Botschaften austauschen, so hat diese Kommunikation immer einen Inhalts- und einen Beziehungsaspekt (Watzlawicks zweites Axiom). Das heißt, es kommt nicht nur darauf an, was gesagt wird, sondern auch und vor allem darauf, wie etwas gesagt wird. Letzteres wird nonverbal vermittelt (Gestik, Mimik, Tonfall) und beherrscht die Bewertung der Botschaft. Sind die beiden Ebenen nicht kongruent, entsteht eine Kommunikationsstörung. Schulz von Thun hat Watzlawicks Zwei-Ebenen-Modell zu einem Vier-Ebenen-Modell erweitert (vgl. Schulz von Thun, 2010a). Es wird auch als Vier-Ohren-Modell bezeichnet. Nach diesem Modell enthält jede Botschaft immer vier Aspekte (vgl. Abb. 1).

Vier Ebenen einer Botschaft (vgl. Schulz von Thun, 2010a)

- *Inhaltsaspekt:* Worüber ich informiere?
- *Selbstoffenbarungsaspekt:* Was ich von mir kundgebe?
- *Beziehungsaspekt:* Wie wir zueinander stehen?
- *Appellaspekt:* Wozu ich jemanden veranlassen möchte?

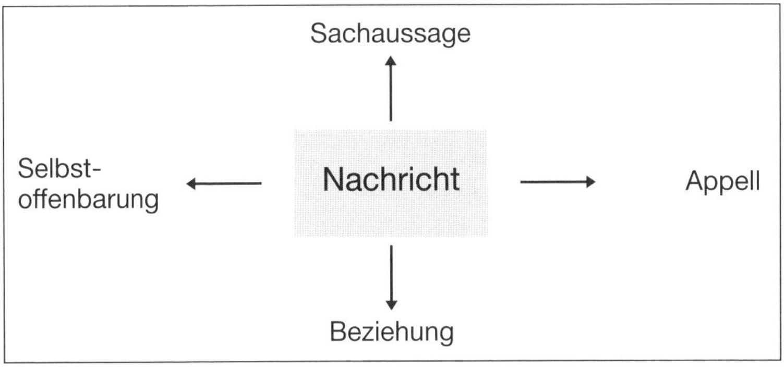

Abbildung 1: Vier-Ebenen-Modell der Kommunikation (vgl. Schulz von Thun, 2010a)

Jeder Sender sendet auf diesen Kanälen gleichzeitig. Je nachdem, mit welchen seiner vier Ohren der Empfänger dem Sender gerade zuhört, kann die Kommunikation einen völlig anderen Verlauf nehmen als vom Sender beabsichtigt. Denn über die Wirkung der Botschaft entscheidet der Empfänger. Dies sei an folgendem Beispiel illustriert:

Herr Müller, Englischlehrer in der Klasse 9a, sagt zur Klassenlehrerin Frau Schuster: „Ihre Klasse 9a ist schwierig." Was Herr Müller kundtut, kann aus Sicht des Vier-Ebenen-Modells von Frau Schuster unterschiedlich verstanden werden, und zwar als:

- Sachinformation: Herr Müller nimmt wahr, dass das Disziplinverhalten der Klasse 9a schwierig ist.
- Selbstoffenbarung: Herr Müller kann sich in der Klasse 9a nicht durchsetzen.
- Beziehungsbotschaft: Herr Müller hält von Frau Schusters Klassenführung nicht viel.
- Appell: Herr Müller erwartet von der Klassenlehrerin ein wirksameres Disziplinmanagement.

Frau Schuster hat diese Botschaft mit dem Beziehungs-Ohr empfangen. Sie ist zunächst sauer. Dann fragt sie Herrn Müller: „Wie haben Sie das gemeint?" Dieser gibt zu erkennen, dass er in der Klasse 9a Disziplinprobleme hat und deshalb gemeinsam mit Frau Schuster überlegen möchte, wie er das Problem lösen kann. Daraus ist zu schließen, dass Herr Müller den „Selbstoffenbarungs-Mund“ gebraucht hat, die Botschaft aber im falschen Ohr angelangt ist.

Viele Botschaften sind mehrdeutig und lassen viel Spielraum für Missverständnisse. Erschwerend kommt noch hinzu, dass Menschen sehr häufig mit einem Ohr (z. B. mit dem Beziehungsohr) hören. Jede Kritik, auch wenn sie noch so sachlich ist, führt dann zu Kommunikationsstörungen.

Kommunikationsstörungen verwandeln sich über kurz oder lang in Teufelskreise. Diese schaukeln sich auf durch Interpunktion (Watzlawicks drittes Axiom). Interpunktieren heißt, dass jeder Kommunikationspartner sein Verhalten als Reaktion auf das Fehlverhalten des anderen betrachtet. Nach diesem Muster verlaufen die meisten menschlichen Konflikte. Jeder behauptet, der andere habe angefangen. Solches Interpunktionsverhalten wurzelt letztlich darin, dass jeder Mensch seine Wirklichkeit selbst konstruiert und dass sie für ihn so ist, wie er sie sieht.

Die Kommunikationsforschung hat nicht nur den Kommunikationsprozess analysiert, sondern auch die Struktur der kommunikativen Beziehungen. Watzlawick unterscheidet drei grundlegende Beziehungsarten (vgl. Watzlawick et al., 2011):

- *Symmetrische Beziehung:* Beide Kommunikationspartner können sich zueinander gleich verhalten.
- *Komplementäre Beziehung:* Das Verhalten, das A dem B gegenüber zeigt, ist B nicht erlaubt.
- *Metakomplementäre Beziehung:* Ein Kommunikationspartner begibt sich in eine scheinbar untergeordnete Position, behält aber auf der Metaebene dennoch die Oberhand. Beispiel: Der Schulleiter bietet den Mitarbeitern das Du an und benutzt die Beziehungslockerung zum besseren Durchsetzen von Aufträgen.

Egal, in welcher Beziehung zwei Kommunikationspartner zueinander stehen, so will doch letztlich jeder beim anderen etwas bewirken. Dabei kommen unterschiedliche Strategien zum Einsatz (vgl. Schulz von Thun, 2010a):

- Appellieren,
- Imponiertechniken („Seht her, wer ich bin"),
- Fassadentechniken (Verbergen von Unzulänglichkeiten),
- Selbstverkleinerung (sich dumm stellen, um in Ruhe gelassen zu werden),
- Du-Botschaften („Du denkst nur an dich"),
- Das-gehört-nicht-hierher-Strategien,
- Ausklammerung bestimmter Themen von vornherein.

Wird das Kommunikationsziel nicht erreicht, tendieren wir nicht selten dazu, die erfolglose Strategie erneut anzuwenden. Watzlawick nennt diesen Strategiefehler „Mehr desselben" (vgl. Watzlawick et al., 2009). So lässt sich im Alltag beobachten, dass eine Person an eine andere immer wieder mit denselben Worten appelliert, ohne dass der Empfänger sein Verhalten ändert. Eine Langzeitfolge des erfolglosen Appellierens kann dann eine empfängerseitige Appell-Allergie sein.

Faktoren für eine erfolgreiche Kommunikation

Wenn man erfolgreich kommunizieren möchte, sind Grunderkenntnisse der Kommunikationspsychologie zu beachten. Im Folgenden werden deshalb Faktoren genannt, die aus kommunikationspsychologischer Sicht zum Gelingen von Gesprächen wesentlich beitragen.

Respekt

Ich respektiere meinen Gesprächspartner als Mitmenschen, der eine Menschenwürde hat und ein Recht auf seelische und körperliche Unversehrtheit. Dies heißt jedoch nicht, dass ich alles, was er sagt, respektiere.

Offenheit

Ich bemühe mich um Offenheit. Diese soll jedoch nicht grenzenlos sein. Ich muss mich auch abgrenzen können. Anzustreben ist ein Mittelweg zwischen Distanz und Nähe. Voraussetzung ist, dass das, was ich jemandem im Vertrauen mitteile, von diesem nicht gegen mich verwendet wird.

Direktheit

Wenn ich einen Wunsch äußere, vermeide ich indirekte Formulierungen. Ich lege ihn offen und sage, was ich will. Ich gehe dabei das Risiko ein, dass mein Gegenüber nein sagt. Wenn er nicht will, was ich will, respektiere ich dies.

Verständlichkeit

Ich spreche so, dass der Empfänger mich verstehen kann. Dies bedeutet, dass ich kurze Sätze verwende, auf Anschaulichkeit achte und mich auf das Wesentliche beschränke. Außerdem sind meine Aussagen folgerichtig gegliedert.

Symmetrie

Ich kommuniziere so, dass das, was ich zum anderen sage, er auch zu mir sagen kann. Ich vermeide es, Killerbotschaften (besonders kränkende und ehrverletzende Äußerungen) zu benutzen. Wenn mir etwas am Mitmenschen missfällt, beziehe ich meine Kritik auf sein Fehlverhalten und sende keine Giftpfeile ins persönliche Zentrum.

Perspektivenwechsel

Ich versuche die Wirklichkeitskonstruktion meines Gegenübers zu verstehen. Hierzu nehme ich vorübergehend seinen Standpunkt ein und sehe mir seine Welt aus seinem Blickwinkel an.

Kongruenz

Ich achte darauf, dass das, was ich fühle, mit dem, was ich sage, einigermaßen in Einklang kommt. Wenn ich jemandem ein Kompliment machen möchte, dabei aber Neidgefühle habe, sollte ich ihn lieber nicht loben. Mein neidischer Gesichtsausdruck wird ihm wahrscheinlich nicht verborgen bleiben.

Ich-Botschaften

Wenn mich am anderen etwas stört, bringe ich dies nicht in Form einer Du-Botschaft zum Ausdruck, indem ich ihn herabsetze: „Du hast meine Bücher verschlampt." Stattdessen teile ich ihm meine Wahrnehmung, meine Gefühle und meinen Wunsch mit: „Du hast zwei Bücher nicht zurückgebracht. Dies ärgert mich. Es wäre nett, wenn ich sie rasch zurückbekäme."

Aktives Zuhören

Ich bin meinem Gesprächspartner konzentriert zugewandt und zeige ihm dies mit meinem Körperausdruck. Ich lasse ihn ausreden und versetzte mich in seine Situation. Ich fasse wichtige Aussagen des Gesprächspartners zusammen, um sicherzugehen, dass ich ihn verstanden habe („Wenn ich Sie richtig verstanden habe, sind Sie mit der Zusammenarbeit in unserem Klassenlehrer-Team unzufrieden"). Und ich achte auf das, was ihm auf der Seele liegt, dies aber momentan nicht verbalisieren kann. Ich melde ihm das, was ihm emotional wichtig erscheint, in eigenen Worten zurück.

Analytisches Zuhören

Wenn mich eine Mitteilung verunsichert oder stört, versuche ich sie zu entschlüsseln. Ich überlege mir, was die Botschaft im Sach-Ohr, im Beziehungs-Ohr, im Selbstoffenbarungs-Ohr und im Appell-Ohr bedeuten könnte. Um endgültige Klarheit zu erhalten, fasse ich Mut und frage den Sender, was er damit gemeint hat.

Feedback

Will ich meine Kommunikation und meine Persönlichkeit weiterentwickeln, brauche ich Rückmeldungen. Der andere soll mir sagen, was meine Kommunikation in ihm auslöst. Feedback bezieht sich auf negative und positive Aspekte. Umgekehrt bin auch ich bereit, dem anderen Feedback zu geben.

Metakommunikation

Gestaltet sich die Kommunikation mit einem Gesprächspartner grundsätzlich schwierig, bitte ich ihn um eine Metakommunikation. Das heißt, ich spreche mit ihm über unser Miteinander, teile ihm wahrgenommene Störungen mit und überlege mit ihm, wie unsere Kommunikation verbessert werden kann.

Kommunikationsstile

Die Kommunikationspsychologie beschäftigt sich nicht nur mit dem Kommunikationsprozess und seinen Gesetzmäßigkeiten, sondern auch mit der Frage, wie sich die Menschen hinsichtlich ihres Kommunikationsstils voneinander unterscheiden. Schulz von Thun (2010b) unterscheidet acht typische Kommunikationsstile. Sie werden im Folgenden beschrieben. Ebenfalls aufgezeigt wird, wie in solchen Situationen der Empfänger mit dem „Stil-Inhaber" am besten umgeht.

Der bedürftig-abhängige Stil

Der Abhängige gibt sich schwach und hilflos. Ziel seines Jammerns ist es, den Mitmenschen zum Helfen zu motivieren. Wenn sein Kommunikationspartner eine starke Helferseele hat, besteht die Gefahr, dass er ihm vorschnell hilft, was dessen Hilflosigkeit verstärkt. Wichtig ist es, in einer solchen Kommunikationssituation, nicht gleich die Helferrolle zu übernehmen. Dem Hilflosen muss die Frage gestellt werden, was er sich an Hilfe erwartet. Er soll zunächst selbst darüber nachdenken, welche Auswege es aus seiner Situation gibt und welche Schritte er selbst tun kann.

Der helfende Stil

Der Helfer bemüht sich in starkem Maße um den Nächsten. Und zwar so stark, dass die Selbstüberforderung und der Burnout drohen. Dieses Verhalten wird auch als „Helfersyndrom“ bezeichnet. Dem übereifrigen Helfer muss bewusst gemacht werden, dass er bald selbst in eine hilflose Lage geraten wird, wenn er sich weiterhin aufopfert. Die Alternative für ihn ist, den Mittelweg zu gehen zwischen Distanz und Nähe.

Der selbstlose Stil

Der Selbstlose empfindet sich nur dann als wertvoll, wenn er sich für die Mitmenschen einsetzt und ihren Erwartungen voll entspricht. Dem Selbstlosen droht dieselbe Gefahr wie dem Helfer. Ihm kann man nur helfen, wenn man ihn ermutigt, seine eigenen Bedürfnisse auszudrücken und auch mal Nein zu sagen.

Der aggressiv-entwertende Stil

Der Aggressiv-Entwertende stellt sich arrogant über den Mitmenschen, würdigt ihn herab und verletzt ihn seelisch. Im Grunde genommen praktiziert er Mobbing. Wer so kommuniziert, braucht Rückmeldungen – beispielsweise in Form von Ich-Botschaften. Er muss erkennen und fühlen lernen, was er im Mitmenschen ausgelöst hat.

Der sich beweisende Stil

Der sich Beweisende ist in Gegenwart der anderen darauf aus, seine Kompetenzen deutlich zu zeigen und sich perfekter zu geben, als er tatsächlich ist. Dies führt bei nicht wenigen Kommunikationspartnern zu Aversionen. Man kann dem Selbstdarsteller Wind aus den Segeln nehmen, wenn man mit ihm nicht in den Teufelskreis des Konkurrierens einsteigt.

Der bestimmend-kontrollierende Stil

Der Kontrolleur fällt auf durch ständiges Appellieren, Regulieren und Korrigieren. Die Beziehungspartner fühlen sich durch dieses Kommunikations-Regiment eingeengt, bevormundet und unterdrückt. Genau dieses Gefühl muss von den Kommando-Empfängern dem Kontrolleur offenbart werden, gepaart mit konkreten Bitten um ein anderes Verhalten.

Der sich distanzierende Stil

Der sich Distanzierende öffnet sich nicht und hält Abstand, weil der Mitmensch zu viel über ihn erfahren könnte. Vielleicht könnte man auch in Abhängigkeit von ihm geraten. Folge davon ist, dass die Kommunikation vorwiegend auf der Sachebene abläuft. Wer von solchen Menschen mehr Öffnung und Nähe erwartet, sollte sich ihnen gegenüber geduldig verhalten und sein Selbstoffenbarungs-Ohr benutzen, um zu erkennen, was der Grund der Distanz ist.

Der mitteilungsfreudig-dramatisierende Stil

Der Mitteilungsfreudige möchte im Mittelpunkt stehen und gibt viel Persönliches von sich kund. Den einen ist diese Unterhaltung willkommen, die anderen fühlen sich vom Selbstdarsteller unbeachtet und gehen auf Distanz. Letztere müssen dies dem Vielredner rückmelden und ihm zur Einsicht verhelfen, dass weniger durchaus mehr sein kann.

Wichtig zu wissen ist, dass es zum einen Menschen gibt, die ihren Kommunikationsstil konstant wie ein Charaktermerkmal in sehr vielen Situationen zeigen. Zum anderen kann der Kommunikationsstil bei ein und demselben Menschen von Situation zu Situation wechseln.

Watzlawicks Axiome der Kommunikation im Überblick

1. Man kann nicht nicht kommunzieren.
2. Jede Kommunikation hat einen Inhalts- und Beziehungsaspekt, wobei der letztere den ersteren bestimmt.
3. Die Natur einer Beziehung ist durch die Interpunktion der Kommunikationsabläufe seitens der Partner bedingt.
4. Menschliche Kommunikation bedient sich digitaler (sprachlicher) und analoger (nichtsprachlicher) Modalitäten.
5. Zwischenmenschliche Kommunikationsabläufe sind entweder symmetrisch oder komplementär, je nachdem, ob die Beziehung zwischen den Partnern auf Gleichheit oder Unterschiedlichkeit beruht.

Zum Nachdenken

Ein Sultan hatte geträumt, er verliere alle Zähne. Gleich nach dem Erwachen fragte er einen Traumdeuter nach dem Sinn des Traumes. „Ach, welch ein Unglück, Herr!" rief dieser aus. „Jeder verlorene Zahn bedeutet den Verlust eines Deiner Angehörigen!" „Was, du frecher Kerl", schrie ihn der Sultan wütend an, „Was wagst du mir zu sagen? Fort mit dir!" Und er gab den Befehl: „Fünfzig Stockschläge für den Unverschämten!" Kaum war der erste Traumdeuter fortgeführt, wurde ein zweiter gerufen und vor den Sultan geführt. Als er den Traum erfahren hatte, rief er: „Welch ein Glück! Welch ein großes Glück! Unser Herr wird all die Seinen überleben!" Da heiterte sich des Sultans Gesicht auf, und er sagte: „Ich danke dir, mein Freund. Gehe sogleich zum Schatzmeister und lasse dir 50 Goldstücke geben!" Auf dem Weg sagte der Schatzmeister zu ihm: „Du hast den Traum des Sultans doch nicht anders gedeutet als der erste Traumdeuter!" Mit schlauem Lächeln erwiderte der kluge Mann: „Merke dir, man kann vieles sagen, es kommt nur darauf an, wie man es sagt!"

Eine orientalische Weisheitsgeschichte

Weiterführende Literatur

Schulz von Thun, F. (2010). *Miteinander reden 1. Störungen und Klärungen. Allgemeine Psychologie der Kommunikation* (48. Aufl.). Reinbek bei Hamburg: Rowohlt.

Schulz von Thun, F. (2010). *Miteinander reden 2. Stile, Werte und Persönlichkeitsentwicklung. Differentielle Psychologie der Kommunikation* (32. Aufl.). Reinbek bei Hamburg: Rowohlt.

Schulz von Thun, F., Zach, K. & Zoller, K. (2012). *Miteinander reden von A bis Z. Lexikon der Kommunikationspsychologie.* Reinbek bei Hamburg: Rowohlt.

3 Lösungsorientierte Beratung

Lehren und Erziehen sind nicht möglich ohne Beobachten und Beraten.

Peter Köck

Im Schulalltag wird die Lehrperson immer wieder von Eltern und Schülern konsultiert, die in aktuellen Problemsituationen Rat suchen. Die Wirksamkeit solcher Beratungsprozesse hängt ganz entscheidend von der Grundhaltung des Beraters ab. Aus Sicht des Gesprächstherapeuten Carl Rogers (2010) ist deren wichtigstes Merkmal der Respekt vor der Würde des Mitmenschen. Man verhält sich gegenüber dem Gesprächspartner respektvoll, indem man ihn trotz seiner Probleme als Mitmenschen achtet. Dies heißt nicht, dass man bei ihm alles gutheißen soll. Ein zweites wichtiges Merkmal ist Empathie. Darunter ist zu verstehen, dass man sich in den Gesprächspartner einfühlt und sich darum bemüht, ihn aus der Perspektive seiner Innenwelt zu verstehen. Und drittens gehört zur Grundhaltung des Gesprächsführenden Echtheit. Echt ist man, wenn das Gesagte mit dem Gedachten und Gefühlten übereinstimmt. Dies heißt jedoch nicht, dass alles, was einem auf der Zunge liegt, ausgesprochen werden muss.

Zum Erfolg des Beratungsgesprächs trägt aber nicht nur die Grundhaltung bei, sondern auch eine möglichst lösungsorientierte Gesprächsstrategie. Im Mittelpunkt dieses aus der systemischen Psychologie stammenden Ansatzes stehen die Lösungskonstruktion und die Aktivierung von Ressourcen (Hennig & Knödler, 2010; Bamberger, 2010). In einem kooperativen Lösungsprozess hilft die beratende Lehrperson dem Ratsuchenden bei der Problemlösung.

Vor dem Beginn des lösungsorientierten Beratungsgesprächs ist dafür zu sorgen, dass ein separater Ort und ausreichend Zeit vorhanden sind. Möchte die beratende Lehrperson mit dem Gesprächspartner nun ins Gespräch kommen, ist eine Aufwärmphase vonnöten. Man begrüßt ihn freundlich und schafft eine emotionale Atmosphäre, die einen angstfreien Ausdruck von Gedanken und Gefühlen ermöglicht. Entscheidend gefördert wird dieses Wohlbefinden, indem man sich nach dem persönlich-seelischen Befinden des Ratsuchenden erkundigt.

Ist die Kontaktbrücke gebaut, schildert der Ratsuchende das Problem aus seiner Sicht. Während der Problembeschreibung hält sich die beratende Lehrperson zurück, hört aufmerksam zu und achtet auch auf nichtsprachliche Signale. Wenn sie interveniert, tut sie dies in sparsamem Maße. Sie bittet um Präzisierung, fasst das Gesagte in eigenen Worten zusammen (Paraphrasieren) und bringt das zum Ausdruck, was emotional bedeutsam ist (Verbalisieren). Wichtig dabei ist, dass die beratende Lehrperson ihre Botschaften in einer einfachen, anschaulichen und bildhaften Sprache übermittelt. Nur so kann der Gesprächspartner herausfinden, ob er verstanden worden ist.

Ist das Problem beschrieben, wird gemeinsam überlegt, was sich in welchem Zeitraum verändern soll. In dieser Phase kann die beratende Lehrperson etwas mehr lenken. Die Ziele müssen klar definiert, präzise und positiv formuliert werden. Die Eigenverantwortung des Ratsuchenden für die Zielerreichung ist besonders hervorzuheben. Dabei ist es sinnvoll, Teilziele zu formulieren. Bevor der Zielkonsens definiert wird, muss der Gesprächspartner rückmelden, für wie erreichbar er die Ziele hält. Möglicherweise folgt daraus eine Zielkorrektur.

Unmittelbar nach der Zielfindung wird die Lösungskonstruktion in Angriff genommen. In diesem Stadium darf man nicht den Fehler begehen, dem Ratsuchenden die Lösung vorzufabrizieren. Man hält sich zurück und ermutigt ihn zur Ideensammlung. Hierzu sind lösungsförderliche Schlüsselfragen hilfreich (siehe unten).

Sind genügend Ideen geäußert worden, müssen sie hinsichtlich ihrer Tauglichkeit und Umsetzbarkeit bewertet werden. Darauf aufbauend wird ein Lösungsmodell formuliert. Der Gesprächspartner kennt jetzt nicht nur die Ziele, sondern auch die Wege dorthin.

Um sicherzustellen, dass das Lösungsmodell tatsächlich auch umgesetzt wird, findet eine Zielvereinbarung statt. Die beratende Lehrperson zeigt nochmals auf, was zu tun ist, um die Ziele zu erreichen. Und sie vereinbart Ort und Zeitpunkt einer Erfolgskontrolle.

Am Ende des Beratungsgesprächs fragt man den Ratsuchenden zunächst, wie er das Beratungsgespräch empfunden hat. Abschließend formuliert man einen motivierenden Schlusskommentar und verabschiedet ihn freundlich.

Wenn man sich später zu einer Erfolgskontrolle trifft, wird zum einen bilanziert, welche Änderungsschritte umgesetzt worden sind, und zum anderen wird ehrlich bewertet, in welchem Maße das Problem reduziert worden ist. Wichtig ist, jeden noch so kleinen Fortschritt zu würdigen (Cheerleading) und den Ratsuchenden zu einer Fortsetzung der Änderungsarbeit zu motivieren. Und es sollte auch geprüft werden, ob eine Änderung des bisherigen Lösungsmodells erforderlich ist. Falls ja, müssen die neuen Ziele und Maßnahmen ebenso präzise definiert und vereinbart werden wie im Erstgespräch. Möglicherweise führt die Erfolgskontrolle auch zum Schluss, dass der lösungsorientierte Beratungsansatz für das Problem nicht geeignet ist. Dann muss sich die Beratung auf die Frage konzentrieren, welche Lösungsalternativen sich des Weiteren anbieten. Dies kann zum Beispiel die Weiterverweisung an schulexterne Einrichtungen und Experten sein (z. B. Konsultation des schulpsychologischen Dienstes).

Leitfaden für die lösungsorientierte Beratung

1. Einstieg:
   - Begrüßung und Kontaktherstellung
   - Klärung der Erwartungen und Möglichkeiten
   - Darlegung der Beratungsschritte
2. Problembeschreibung:
   - Schilderung des Problems aus der Sicht des Betroffenen
   - Eventuell Zerlegung des Problems in Teilprobleme
   - Schließung von Informationslücken und Klärung von Missverständnissen
   - Einigung auf eine gemeinsame Problemsicht
3. Zielbestimmung:
   - Überlegung, was das Ziel einer Lösung sein könnte
   - Kritische Prüfung der Zielerreichung
   - Zeitperspektive der Zielerreichung klären
   - Einigung auf ein möglichst konkretes Ziel

4. Lösungskonstruktion:
   - Suche nach Lösungswegen (Brainstorming)
   - Tauglichkeitsprüfung der Ideen
   - Einigung auf einen konkreten Lösungsweg
5. Zielvereinbarung:
   - Klärung, wer was wann tun muss
   - Terminierung einer Erfolgskontrolle
6. Motivierender Schlusskommentar und Verabschiedung

Lösungsförderliche Schlüsselfragen

Im Folgenden werden einige Beispiele für Fragen genannt, die bei der Lösungsfindung hilfreich sein können.

Lösungstendenzen

- „Was hat sich seit der Vereinbarung des heutigen Termins verändert?"
- „Hatte es früher einmal eine Phase gegeben, in der Sie das Problem lösen konnten?"

Ausnahmen vom Problem

- „Wann tritt das Problem nicht so stark oder gar nicht auf?"
- „Wie könnte man die Ausnahmen zur Regel machen?"

Hypothetische Lösung

- „Was wäre an Ihrem Verhalten anders, wenn das Problem plötzlich nicht mehr da wäre?"

Positives Umdeuten

- „Gibt es am Problem auch etwas Positives?"

Der Weg ins Problem und zurück

- „In welchen Schritten sind Sie ins Problem gerutscht?"
- „Welcher Gegenschritt ist jeweils notwendig, um aus dem Problem wieder herauszukommen?"

Präzisierung von Zielen und Maßnahmen

- „Was wollen Sie konkret verändern?"
- „Welche Schritte müssen Sie tun, um das Ziel zu erreichen?"

Zum Nachdenken

Im Mittelalter wanderte Mullah Nasrudin mit einigen Begleitern durch ein wildes Gebirge. Plötzlich wurden sie von einer Horde Räuber überfallen und mit giftigen Pfeilen beschossen. Alle wurden verletzt. Mullah Nasrudin rief: „Auf zum nächsten Arzt!" Seine Begleiter riefen dagegen: „Wehrt den Überfall ab – vertreibt die Räuber von der Straße!" Sofort stürzten sich die Begleiter des Mullah auf die Räuber, vertrieben und verfolgten sie und bereinigten so die „Problemlage". Leider verstarben alle dabei, da das Gift seine Wirkung tat. Sobald Mullah Nasrudin sah, dass niemand auf ihn hörte und er alleine gelassen war, wandte er sich sofort in Richtung des nächsten Dorfes und erreichte mit großer Mühe einen Arzt, der ihm ein Gegengift verabreichen konnte. Nur er überlebte den Überfall.

Eine orientalische Weisheitsgeschichte

Weiterführende Literatur

Bamberger, G. (2010). *Lösungsorientierte Beratung* (4. Aufl.). Weinheim: Beltz Psychologie Verlags Union.

Seeger, R. & Seeger, N. (2011). *Das professionelle Lehrer-Eltern-Gespräch. Praxisbuch für lösungsorientierte, wirkungsvolle Beratungsgespräche.* Augsburg: Brigg.

Szabo, P. & Berg, I. K. (2009). *Kurz(zeit)coaching mit Langzeitwirkung* (2. Aufl.). Dortmund: Borgmann.

4 Konfliktgespräche mit Eltern

Immer wieder haben Lehrkräfte die Aufgabe, Eltern auf negative Entwicklungen ihres Kindes aufmerksam zu machen.

Stefanie Schnebel

Wenn sich Schülerprobleme trotz erster pädagogischer und disziplinarischer Maßnahmen nicht beheben lassen, ist es an der Zeit, die Eltern anzusprechen und sie zu einem Konfliktgespräch zu bitten. Je länger man diese Intervention aufschiebt, desto chronischer wird das Problem und desto schwieriger gestaltet sich die Problemlösung.

Ein Konfliktgespräch mit den Eltern braucht genauso wie ein Beratungsgespräch günstige Rahmenbedingungen. So ist ein Raum vonnöten, in dem sich ungestört miteinander reden lässt.

Der Konflikt sollte mit Fingerspitzengefühl zur Sprache gebracht werden. Am besten ist es, ihn in Form von Ich-Botschaften zu verbalisieren. „Ihr Sohn macht mir Sorgen“ ist seelisch sicherlich verträglicher als „Ihr Sohn ist verhaltensgestört“. Bei der Darlegung der Konfliktpunkte sollte auch sauber getrennt werden zwischen Tatsachen und Vermutungen. Letztere sind sehr vorsichtig auszudrücken.

Ist der Konflikt thematisiert, müssen die Eltern ausreichend Zeit erhalten, ihre Konfliktwahrnehmung und ihr Bild von den vermuteten Konfliktursachen vorzutragen. Dabei hört man ihnen aufmerksam zu, fällt ihnen nicht ins Wort und versucht, sie und ihre Familiensituation aus ihrer Perspektive zu verstehen. Auch wenn sie erregt sind, behandelt man sie höflich und geht mit ihnen fair um. Dies hilft ihnen bei der Selbstkontrolle. Zusätzlich gesprächsförderlich ist es, wenn man in hitzigen Phasen den Konfliktstoff versachlicht.

Um sicher zu gehen, dass man das Gehörte richtig verstanden hat, fasst man es immer mal wieder in eigenen Worten zusammen. Dadurch können Missverständnisse sofort geklärt werden.

Meist musst man sich zum tieferen Konfliktverständnis konkrete Beispiele schildern lassen und auch weitere Fragen stellen. Hierzu sind offene Fragen besonders geeignet: Wie? Was? Woran? Warum? Durch diese Fragetechnik werden die Ressourcen und Lösungspotenziale aktiviert. Diese Gesprächsphase darf durch vorschnelle Bewertungen und Generalisierungen nicht gestört werden.

Ist Kritik angebracht, sollte man sie in Form von Wünschen und Erwartungen äußern. Statt „Sie vernachlässigen Ihre Pflicht zur Lernkontrolle“ kann man sagen „Sorgen Sie bitte dafür, dass Ihr Kind die Hausaufgaben regelmäßig erledigt“. Letzteres wird vom Empfänger positiver aufgenommen.

Es entsteht auch mehr Änderungs- und Kompromissbereitschaft, wenn Konfliktpunkte humorvoll kommentiert oder positiv umgedeutet werden. So kann der Klassenlehrer, der mit den Eltern über ihr trotziges Kind spricht, sagen: „Auch wenn er uns Schwierigkeiten bereitet, zeigt er einen starken Willen.“

Ist ein Konfliktthema gründlich besprochen und haben beide Gesprächspartner eine gemeinsame Problemsicht gefunden, kann die Lösungsarbeit beginnen. Zunächst wird darüber nachgedacht, was das Ziel einer Konfliktlösung sein kann. Es muss konkret, konsensfähig und realisierbar sein.

Ist das Ziel definiert, sollten Lösungsideen gesammelt werden. Dabei ist die Regel „Keine Kritik während des Ideensammelns“ unbedingt zu beachten. Und von Vorteil ist es, wenn die einzelnen Ideen auf einer Flipchart visualisiert werden. Ist das Brainstorming abgeschlossen, werden sie hinsichtlich ihrer Lösungstauglichkeit bewertet. Am Ende des Bewertungsprozesses entscheidet man sich für einen gangbaren Lösungsweg, der in Form einer Zielvereinbarung (siehe S. 27) klar und anschaulich beschrieben wird.

Am Ende der Konfliktbearbeitung fixiert man mit den Eltern ein späteres Bilanzgespräch. Und es tut ihnen gut, wenn man sich für ihre Gesprächsteilnahme bedankt und sie zur Umsetzung des Vereinbarten ermutigt.

Leitfaden für das Elterngespräch

1. Klärung des Gesprächsanlasses
2. Schilderung des Problems aus Lehrersicht
3. Stellungnahme aus Elternsicht
4. Gemeinsame Problemsicht
5. Zieldefinition
6. Erarbeitung von Lösungsideen
7. Bewertung der Lösungstauglichkeit
8. Zielvereinbarung
9. Festlegung eines Bilanzgesprächs
10. Abschluss

Zielvereinbarung

Mit den Eltern des Schülers/der Schülerin ________________ aus der

____ Klasse habe ich am ________________ ein Gespräch geführt.

Es ging um folgendes Problem:

____

____

Ziel der Problemlösung ist:

____

____

Um dieses Ziel zu erreichen, sind folgende Schritte nötig:

____

____

Am ______________________ wird eine Erfolgskontrolle stattfinden.

Unterschrift des Vaters ________________________

Unterschrift der Mutter ________________________

Unterschrift des Lehrers/der Lehrerin ________________________

Zum Nachdenken

Was die kleine Momo konnte wie kein anderer, das war: Zuhören … Wirklich zuhören können nur ganz wenige Menschen. Und so, wie Momo sich aufs Zuhören verstand, war es ganz und gar einmalig. Momo konnte so zuhören, dass dummen Leuten plötzlich sehr gescheite Gedanken kamen. Nicht etwa, weil sie etwas sagte oder fragte, was den anderen auf solche Gedanken brachte, nein, sie saß nur da und hörte einfach zu, mit aller Aufmerksamkeit und Anteilnahme.

Michael Ende (1973, S. 15)

Weiterführende Literatur

Hennig, C. & Ehinger, W. (2006). *Das Elterngespräch in der Schule* (6. Aufl.). Donauwörth: Auer.

Schulz, A. (2012). *Erfolgreich Elterngespräche gestalten: Professionelle Gesprächsführung für pädagogische Fachkräfte*. Kronach: Link.

5 Konfliktgespräche mit Schülern

Die Art und Weise, wie solche Konfliktgespräche geführt werden, kann als spezifischer Aspekt der Kultur einer Klasse bzw. einer Schule betrachtet werden.

Rolf Göppel

Die häufigsten Konfliktanlässe im Konfliktfeld Lehrer – Schüler sind Disziplinverstöße. Ein Großteil davon ereignet sich während der Unterrichtsstunde. Um den Unterrichtsablauf nicht zu gefährden, intervenieren viele Lehrpersonen, indem sie den Störer ermahnen oder sanktionieren. Solche Direktreaktionen lösen den Konflikt häufig nicht. Will man ihn nachhaltig lösen, sollte man mit chronischen Störern zu einem späteren Zeitpunkt ein Konfliktgespräch führen. Hierzu gibt es zwei Varianten: das Kurzgespräch nach dem Ende der Unterrichtsstunde und das etwas später stattfindende Intensivgespräch.

Das Kurzgespräch findet direkt im Anschluss an die Unterrichtsstunde statt. Sein Vorteil besteht vor allem im geringen Zeitabstand zur Störsituation. Nachteilig ist, dass hierfür wenig Zeit zur Verfügung steht und einem selbst Regenerationszeit verloren geht, die man dringend für den Stressabbau bräuchte.

Die Aufforderung zum Kurzgespräch erhält der Schüler in der Störsituation: „Komm nach der Unterrichtsstunde zu mir. Ich möchte mit dir sprechen.“ Erfahrungsgemäß beginnt ein Schüler nach diesem Signal über sein Fehlverhalten nachzudenken.

Das Kurzgespräch sollte in einem gewissen räumlichen Abstand zu den Mitschülerinnen und Mitschülern stattfinden. Die Lautstärke ist so zu bemessen, dass niemand den Gesprächsinhalt hören kann.

Das kurze Konfliktgespräch ist keine Moralpredigt und auch kein Tadel im traditionellen Sinne. Es erfordert Selbstbeherrschung und Coolness. Man teilt dem Schüler zunächst die Betroffenheit über sein Störverhalten mit: „Deine Nebengespräche haben mich geärgert.“ Gleichzeitig weist man ihn darauf hin, dass er gegen eine vereinbarte Verhaltensregel verstoßen hat. Im Anschluss daran ist ein Blick in die Störmotivation vonnöten. Hierzu empfiehlt sich folgende Frage: „Warum fällt es dir so schwer, dich an diese Regel zu halten?" Möglicherweise hat er ein Problem, das er sich von der Seele reden wollte. Vielleicht liegt er mit seinem Sitznachbarn im Clinch. Eventuell hat er den Stoff nicht verstanden. Seine Antwort kann die Ursache erklären helfen. Nach dieser Gesprächsphase muss ihm eine Änderungsbotschaft übermittelt werden. Man teilt ihm mit, dass man das Störverhalten nicht duldet und nennt das Zielverhalten in positiver Form: „Ich mag deine Nebengespräche nicht und ich möchte, dass du aufpasst." Der Erfolg der Änderungsbotschaft kann bei Schülern, die immer wieder Regeln verletzen, durch die Androhung einer Konsequenz gefördert werden: „Wenn du wieder so störst, werde ich dich bestrafen müssen." Hilfreich ist es, wenn man ihm abschließend noch einen Tipp zur Verhaltenssteuerung gibt: „Wenn du den Stoff nicht verstehst, melde dich oder komme nach der Stunde zu mir."

Das Intensivgespräch ist angezeigt, wenn es sich um eine gravierende Störung handelt oder wenn der Störer wiederholt auffällt. Es findet nicht unmittelbar nach der Unterrichtsstunde statt, sondern später. Von der Lehrperson erfordert es eine respektvolle Grundhaltung. Darunter ist zu verstehen, dass man den Schüler ungeachtet seiner Schwierigkeiten als Mensch achtet.

Nach der Begrüßung nennt man den Gesprächsanlass, indem man in Form einer Ich-Botschaft das störende Verhalten benennt und die damit ausgelösten Gefühle ausdrückt. Zugleich muss betont werden, dass man es nicht akzeptieren kann. Schließlich wird auf die Regel hingewiesen, die durch das Störverhalten verletzt worden ist. Alternativ könnte man den Schüler aber auch fragen, wie die entsprechende Regel heißt.

In diesem Stadium besteht die Gefahr, dass der Schüler in starken Widerstand geht, weil er sich durch die Konfrontation mit seinem Fehlverhalten gekränkt fühlt. Dieser Gefahr kann man entgegenwirken, wenn man auch das hervorhebt, was man an ihm gut findet und wertschätzt.

Nach dieser Einleitung wird der Schüler aufgefordert, den Konflikt aus seiner Sicht zu schildern. Sollte dabei tatsächlich herauskommen, dass die Lehrperson Wahrnehmungsfehler begangen hat, muss sie dies eingestehen. Leugnet der Schüler wider besseren Wissens den Normbruch oder stellt er das Regularium generell in Frage, ist der Hinweis wichtig, dass es nicht verhandelbare Grenzen gibt, die für alle gelten.

Sind die Sichtweisen ausgetauscht, wird die Frage nach der Ursache des Störverhaltens gestellt. Dies soll nicht im Anklageton geschehen, sondern in einer Form, die den Schüler zur Antwort ermutigt. Eine solche Frage könnte lauten: „Wie kam es zu deinem Fehlverhalten?“ Durch eine solche Frage verhilft man dem Schüler zu einer Selbstklärung. Er wird sich der Beweggründe bewusst, die ihn bisher unbewusst gesteuert haben. So kann dem Klassenclown zum einen klar werden, dass er sich fehlverhält, um von der Klasse die Anerkennung zu erhalten, die er vorher nicht hatte. Zum anderen kann er erkennen, dass dieser Vorteil nur von kurzer Dauer ist und das Fehlverhalten ihm langfristig schadet.

Aufschlussreich ist es, wenn der Schüler sein Fehlverhalten mit Frustrationen begründet, die in einer schwierigen Familiensituation wurzeln. Derartige Informationen lassen sein Disziplinproblem in einem neuen Lichte erscheinen. Konsequenz daraus ist, dass bei der Problemlösung ein Elterngespräch oder professionelle außerschulische Hilfe erwogen werden muss.

An dieser Stelle fasst man das bisher Gesagte, Erfahrene und Verstandene zusammen. Und man überlegt gemeinsam, wie das Ziel einer Verhaltensänderung erreicht werden kann. Die Lösungssuche kann durch folgende, den Änderungsehrgeiz herausfordernde Frage gefördert werden: „Traust du dir eine Änderung zu?“

Nun müssen konkrete Lösungen gefunden werden, die auf das Fehlverhalten abgestimmt sind. Der Klassenclown setzt sich zum Ziel, seine Anerkennung auf anderen Wegen zu erreichen, beispielsweise indem er sich hilfsbereit zeigt. Der Schwätzer nimmt sich vor, das, was er mit seinem Nachbarn bespricht, in der Pause loszuwerden. Der Tagträumer will seine Unaufmerksamkeit durch aktive Mitarbeit in den Griff bekommen.

Die Verhaltensänderung, die der Schüler in Angriff nimmt, wird in Form einer Vereinbarung festgelegt, und zwar am besten schriftlich.

Dieser Verhaltensvertrag (siehe S. 33) übt mehr Zugkraft aus als das, was man sich lediglich willentlich vornimmt.

Danach wird der Schüler gefragt, welche Unterstützung er braucht, um das Ziel sicher zu erreichen. Äußert er einen realisierbaren Wunsch, wird ihm die Erfüllung im Vertrag schriftlich zugesichert. Zur Vereinbarung gehört auch die Terminierung einer Erfolgskontrolle.

Bevor der Schüler freundlich und motivierend verabschiedet wird, muss er auch über die Konsequenzen aufgeklärt werden, die bei weiterem Regelverstoß erfolgen.

Leitfaden für Konfliktgespräche mit Schülern

1. Einladung zum Konfliktgespräch:
   - „Ich möchte mit dir über dein Verhalten sprechen. Komme bitte um … Uhr ins Zimmer …“
2. Gesprächseröffnung:
   - „Ich bin sehr verärgert, dass du zum wiederholten Mal …“
   - „Ich kann dieses Verhalten nicht akzeptieren …“
   - „Es verstößt gegen die Regel …, die dir sicherlich bekannt ist.“
3. Konflikterhellung:
   - „Wie siehst du das Problem aus deiner Sicht?“
   - „Warum fällt es dir so schwer, dich an diese Regel zu halten?“
4. Lösungssuche:
   - „Ich möchte, dass du in Zukunft …“
   - „Wie kannst du das Ziel erreichen?“
5. Vereinbarung:
   - „Ich möchte das, was du verändern musst, schriftlich festlegen – in Form dieses Verhaltensvertrages.“
   - „Wenn dein Fehlverhalten sich nicht verändert, geschieht leider …“
6. Verabschiedung:
   - „Es ist gut, dass wir das Gespräch miteinander geführt haben.“
   - „Ich wünsche dir, dass du das vereinbarte Ziel erreichst.“

Verhaltensvertrag

Name:______________________________

Vorname: ___________________________

Klasse: ____________________

Zwischen mir und Herrn/Frau ____________________ wurden am ____________ folgende Verhaltensänderungen vereinbart:

Ich erhalte folgende Unterstützung:

____

____

Am _______________ um _______ Uhr werden wir gemeinsam prüfen, welche Fortschritte ich gemacht habe.

Falls sich mein Verhalten nicht bessert, geschieht Folgendes:

____

____

Unterschrift Schüler | Unterschrift Lehrer/Lehrerin

________________________ | ________________________

Zum Nachdenken

Jan besucht die 6. Klasse. Momentan ist er auffällig, weil er durch Schwätzen öfter den Unterricht stört und nicht warten kann, bis er aufgerufen wird. Außerdem provoziert er in den Pausen leistungsschwächere Mitschüler mit abwertenden Äußerungen. Interventionen wie Ermahnen, Tadeln, Umsetzen und Strafarbeiten waren bisher nur kurzfristig wirksam. Als nächste Maßnahme folgt ein intensives Konfliktgespräch in einer Hohlstunde. Dieses endet mit einem schriftlichen Verhaltensvertrag. Einige Wochen später meldet der Klassenlehrer Jan zurück, dass sich aus seiner und seiner Kollegen Sicht das Disziplinverhalten deutlich gebessert hat. Danach gefragt, wie er sich diese Verhaltensänderung erklärt, antwortet Jan: „Ich bin Ihnen ja vor dem Gespräch auf die Nerven gegangen. Dass Sie sich für mich Zeit genommen haben, fand ich toll. Sie waren cool und haben mit mir nicht geschimpft. Nach der Unterschrift hatte ich den Ehrgeiz, Ihnen zu beweisen, dass ich mich auch anders verhalten kann. Dafür hatten Sie mich auch immer wieder gelobt."

Weiterführende Literatur

Hennig, C. & Knödler, U. (2010). *Schulprobleme lösen. Ein Handbuch für die systemische Beratung*. Weinheim: Beltz.

Keller, G. (2010). *Disziplinmanagement in der Schulklasse. Unterrichtsstörungen vorbeugen – Unterrichtsstörungen bewältigen* (2. Aufl.). Bern: Huber.

6 Konfliktmoderation

Der Moderator muss der Konfliktbearbeitung Struktur geben.

Alexander Redlich

Wenn sich zwei im Konflikt befindende Personen eine eigenständige Konfliktlösung nicht zutrauen oder bisherige Gesprächsversuche gescheitert sind, sollte eine Konfliktmoderation durch eine neutrale Person in Erwägung gezogen werden. Zunächst kommen als Konfliktmoderatoren schulinterne Personen in Frage, die über moderatorische Kompetenzen verfügen. Dies kann der Beratungslehrer sein oder eine andere Lehrperson, die sich in Gesprächsführung weiterqualifiziert hat. Gibt es eine solche Person nicht oder wird diese Option von den Konfliktparteien abgelehnt, sollte man einen schulexternen Moderator engagieren. Als Adressaten bieten sich Schulpsychologen, Schulberater oder speziell geschulte Personalräte an.

Der Konfliktmoderation liegt folgende Philosophie zugrunde:

- Jeder Konflikt hat eine Lösungschance und die Konfliktparteien haben Lösungspotenziale.
- Der Konfliktmoderator verhilft den Konfliktparteien zur Klärung und Lösung.
- Der Konfliktmoderator verhält sich neutral.
- Der Konfliktmoderator gibt dem Gespräch eine Struktur.
- Der Konfliktmoderator begegnet den Konfliktparteien mit Respekt und Empathie.
- Ausgangspunkt der Konfliktmoderation sind die subjektiven Wirklichkeitskonstruktionen der Betroffenen.
- Der Konfliktmoderator ist verantwortlich für den Gesprächsprozess, aber nicht für die Gesprächsergebnisse.

Nach Alexander Redlich (2004) erfordert das Moderieren von Konflikten vier Basiskompetenzen (siehe folgender Kasten).

Basiskompetenzen für die Konfliktmoderation nach Redlich (2004)

- *Strukturieren:* Der Moderator gibt der Kommunikation eine durchsichtige Struktur, indem er Zielabsprachen organisiert und die Schritte dorthin eröffnet und beschließt.
- *Aktives Zuhören:* Der Moderator hört aufmerksam zu, stellt offene Fragen und fördert den Ausdruck von Wünschen, Gefühlen und Hintergrundbedürfnissen.
- *Lösungen entwickeln:* Der Moderator sucht zusammen mit den Konfliktparteien nach Lösungen.
- *Entpolarisieren:* Der Moderator identifiziert sprachliche Fouls und mahnt Fairness an.

Die Konfliktmoderation benötigt ein klar strukturiertes Vorgehen, für das der Moderator verantwortlich ist. Zunächst lässt er sich den Konflikt näher beschreiben. Er gibt allen Beteiligten die Chance, ihre persönliche Wahrnehmung und Erlebnisweise mitzuteilen. Er hört ihnen aktiv zu und hilft ihnen, das zum Ausdruck zu bringen, was ihnen momentan emotional wichtig ist. Er präzisiert das Mitgeteilte. Eventuell zerlegt er das Problem in Einzelprobleme. Er fragt nach Ausnahmen vom Problem. Wenn dieser Kenntnisstand vorhanden ist, kann er einen Problemkonsens versuchen. Das heißt, dass sich alle darüber einig werden, worin das Problem besteht.

Aufbauend auf dem Problemkonsens wird überlegt, was das Ziel (Zielkonsens) der Konfliktlösung sein muss. Dieses definiert der Moderator gemeinsam mit den Konfliktbeteiligten. Es muss realistisch, konkret und konstruktiv sein. In Anlehnung daran überlegen sich die Beteiligten, welche Wege zum Ziel führen können. Während dieser Lösungskonstruktion hält sich der Moderator zurück. Er unterstützt lediglich den Ideenfluss. Ziel der gemeinsamen Überlegungen ist ein realistisches Lösungsmodell. Ist dieses gefunden, wird eine schriftliche Vereinbarung getroffen. In dieser steht auch, wer was wann tun muss. Abschließend wird eine Erfolgskontrolle terminiert. Das heißt, dass die Konfliktparteien übereinkommen, zu einem späteren Zeitpunkt gemeinsam zu prüfen, ob und mit welchem Erfolg die vereinbarten Lösungsschritte umgesetzt worden sind.

Konflikte sind nicht immer auf dem eben beschriebenen Weg lösbar. Wenn nötig, muss fair konfrontiert werden, um einer Person oder einer Gruppe Einsicht in ein Problemverhalten zu vermitteln. Dies kann in Kombination mit dem Instrument der Zuspitzung geschehen. Darunter ist die Frage zu verstehen: „Was passiert wohl, wenn der Konflikt so weitergeht?"

Manchmal sind Konflikte auch durch ganz sparsame Interventionstechniken lösbar. Überraschende Wirkungen kann beispielsweise das positive Konnotieren erzeugen. Dem Konflikt bzw. dem Problemverhalten wird eine positive Bedeutung zugeschrieben. So können die für einige Kollegen ärgerlichen „Widerstände" einiger „Bremser", die im Kontext von Schulentwicklungen häufig auftreten, so konnotiert werden, dass ihr Verhalten letztlich der Stressprävention dient. Würde das Vorhaben mit einem zu hohen Tempo und Aufwand durchgeführt, wären die Energien rasch verbraucht. Der abschließende Tenor der Intervention lautet: Veränderungs- und Widerstandskräfte müssen sich im Gleichgewicht befinden.

Bei allen Konfliktinterventionen muss sorgfältig geprüft werden, was der einzelnen Person und der Gruppe an Deutungen, Konfrontationen, Zuspitzungen und Aufgaben zugemutet werden kann. Aggressiv-konfrontative Lösungsstile sind fehl am Platz. Einfühlungsvermögen und Fingerspitzengefühl sind erforderlich!

Nicht alle Moderationen enden so, dass die Kontrahenten wieder gerne und gut miteinander kooperieren können. Aufgrund der Verschiedenheit der Persönlichkeiten, aufgrund unterschiedlicher Konfliktwahrnehmungen oder aufgrund des im bisherigen Konfliktverlauf entstandenen Schadens ist dann oft nur eine Deeskalation möglich. Das heißt, dass ein Art „Waffenstillstand" geschlossen wird, der den Konflikt auf ein erträglicheres Niveau reduziert.

Leitfaden für die Konfliktmoderation

1. Vorstellung des Moderators und der Beteiligten.

2. Klärung des Anlasses und des Zeitrahmens.

3. Grundsätzliches aus der Sicht des Moderators:
   - Konflikt heißt: Über ein Problem gibt es gegensätzliche Meinungen, Auffassungen.
   - Diese Moderation ist ein Versuch, den Konflikt gemeinsam zu lösen.
   - Der Erfolg hängt vom guten Willen aller ab.
   - Das vorrangige Ziel ist nicht die Klärung der Schuldfrage, sondern die Lösung.
   - Lösung heißt: Verringerung des Konflikts auf ein erträgliches Maß oder Konfliktbeseitigung.
   - Lösungsorientiertes Arbeiten setzt voraus, dass
     – wir fair miteinander umgehen und keine sprachlichen Fouls begehen,
     – wir dem anderen zuhören, wenn er spricht,
     – wir nur dann unterbrechen dürfen, wenn uns etwas sehr stört,
     – wir unsere Redebeiträge zeitlich eingrenzen bzw. uns kurz und klar ausdrücken,
     – wir selbst entscheiden, ob wir etwas sagen und was wir sagen.

4. Konfliktbeschreibung:
   - Jeder beschreibt den Konflikt aus seiner eigenen Sicht.
   - Der Moderator fasst die Beschreibungen zusammen.
   - Er versucht, zusammen mit den Beteiligten einen Wahrnehmungskonsens zu definieren.

5. Konflikterhellung:
   - Jeder legt seine Bedürfnisse und Wünsche offen.
   - Der Moderator fragt dort nach, wo es im Sinne einer Klärung notwendig erscheint.
   - Es wird geprüft, ob sich die Beteiligten verstanden fühlen.

6. Zieldefinition:
   - Jeder teilt mit, was für ihn ein Ziel der Konfliktlösung sein sollte.
   - Der Moderator fasst die Vorstellungen zusammen.
   - Er bietet den Beteiligten eine gemeinsame Zieldefinition an.

7. Lösungskonstruktion:
   - Die Beteiligten entwickeln Lösungsideen.
   - Es werden gemeinsam die brauchbarsten Vorschläge ausgewählt.
   - Die Vorschläge werden zu einem Lösungsmodell gebündelt.

8. Zielvereinbarung und Erfolgskontrolle:
   - Die Beteiligten vereinbaren schriftlich, das definierte Ziel auf dem gemeinsam entworfenen Lösungsweg zu erreichen.
   - Es wird geklärt, wer wann was tut.
   - Gleichzeitig wird beschlossen, zu einem späteren Zeitpunkt den Erfolg der Maßnahmen gemeinsam zu überprüfen.

Umgang mit Emotionen bei der Konfliktmoderation

Emotionen sind bei der Entstehung, Bearbeitung und Lösung von Konflikten allzeit präsent. Emotionen sind zunächst Störfaktoren, weil sie die Sachklärung erschweren. Wer Emotionen zeigt, verstößt gegen das Gebot der Sachlichkeit. Es gibt Moderatoren, die sich eindeutig zum Primat der Sachlichkeit bekennen und Emotionen eher ausblenden, statt sie zu bearbeiten und für die Lösungsarbeit zu nutzen.

Auch wenn am Beginn von Konfliktvermittlungen Sachlichkeit angemahnt wird, kommt es im Gesprächsprozess doch zu Emotionen. Denn der Mensch ist nicht Herr im eigenen Haus. Die Gefühle erlangen immer wieder Macht über ihn. Aus diesem Grund halten manche Konfliktexperten (Montada & Kals, 2007) das Sachlichkeitsgebot für einen Mythos.

Konfliktpsychologisch sind Emotionen bedeutsame Indikatoren. Über Gefühle teilen die beteiligten bzw. betroffenen Personen mit, was ihnen wichtig ist. Während einer Konfliktbearbeitung treten häufig folgende Gefühle in unterschiedlicher Intensität auf.

Gefühle sollen im Moderationsprozess einen angemessenen Platz haben, weil sie in entscheidendem Maße zur Konflikterhellung beitragen können. Sie geben Aufschluss darüber, warum etwas als konflikthaft erlebt wird. Schwierig werden Gefühle dann, wenn sie heftig sind und das Gespräch zu überfluten drohen. In solchen Situationen ist ein gutes Emotionsmanagement vonnöten. Konkret bedeutet dies, dass man ein Repertoire an emotionsregulierenden Interventionen braucht.

Emotionsregulierende Interventionen

Aktives Zuhören

Man gibt das Gefühl wieder, das der Äußerung einer Person innewohnt.

Beispiel: „Sie haben sich geärgert, weil sie nicht informiert worden sind."

Reformulierung

Man wiederholt die emotionsgeladene Botschaft in einer seelisch erträglicheren Form.

Beispiel: Statt: „Er hat mich genötigt." – „Er übt Druck aus."

Ich-Botschaft

Man fordert die Person auf, das Gesagte in einer Ich-Botschaft zu wiederholen.

Beispiel: Statt: „Sie erzeugen ein mieses Schulklima." – „Ich fühle mich in dieser Schule unwohl."

V-W-Prinzip

Man bittet darum, einen geäußerten Vorwurf in einen Wunsch umzuwandeln.

Beispiel: Ein Fachlehrer wirft dem Klassenlehrer Intransparenz vor. Er wandelt den Vorwurf in einen Wunsch um: „Ich möchte über das Klassengeschehen besser informiert werden."

Humor

Man nimmt der Emotion durch eine heitere Bemerkung Wind aus den Segeln und entkrampft die entstandene Konfliktspannung.

Beispiel: „Euer Pulverdampf erschwert mir das Atmen. Ich sehne mich nach Rosenduft."

Perspektivenwechsel

Durch das Einfühlen in die Innenwelt des Konfliktgegners soll die Aversion abgebaut werden.

Beispiel: Ein wegen der häufigen Klassenteam-Sitzungen verärgerter Fachlehrer wechselt in die Rolle des Klassenlehrers und begreift die Notwendigkeit kooperativer Konfliktlösung. Dadurch kann er seine Ärgergefühle besser verarbeiten.

Gelbe Karte

Wenn durch verletzende sprachliche Fouls gegen vereinbarte Gesprächsregeln verstoßen wird, muss auf den Regelbruch hingewiesen und Fairness angemahnt werden.

Beruhigungspause

Wenn trotz Gelber Karte die Emotionen weiter hochkochen, ist eine Unterbrechung zu empfehlen. Normalerweise führt dies zur notwendigen emotionalen Abkühlung. Möglich ist es auch, während der Beruhigungspause mit der aufgewühlten Person ein kurzes Gespräch zu führen. Bevor die Konfliktbearbeitung fortgesetzt wird, ist nochmals auf die Gesprächsregeln und drohende Konsequenzen hinzuweisen.

Abbruch/Vertagung

Zeigen alle bisherigen Interventionen keine deeskalierende Wirkung, bleibt der Gesprächsabbruch als letzte Option. Diese Maßnahme ist notwendig, um gravierende seelische Verletzungen zu verhindern. Eventuell kann zu einem späteren Zeitpunkt die Konfliktbearbeitung fortgesetzt werden.

Last but not least ist auch derjenige, der ein Konfliktgespräch führt oder eine Moderationsrunde leitet, auf Emotionsregulation angewiesen. Was sich in einer Konfliktsituation ereignet, löst auch bei ihm Emotionen aus, die die Lösungsarbeit erschweren können. Hilfreich sind vor allem

- das Rückspiegeln in Form von Ich-Botschaften („Ich habe Sorge, dass wir nicht weiterkommen.“ „Ich bin ratlos.“),
- das stille positive Umdeuten („Sein Wutausbruch bringt Licht in das Dunkel der Ursachen.“),
- die Selbstberuhigung durch kurze Anspannung der Bauchmuskeln, durch bewusst langsames Atmen oder durch bewusst langsames Sprechen,
- das bereits am Gesprächs- bzw. am Moderationsbeginn vereinbarte Einlegen einer Halbzeitpause.

Darüber hinaus braucht man ein gutes Maß an Gelassenheit. Diese erreicht man, indem man Distanz hält und sich nicht von der Konfliktsituation emotional vereinnahmen lässt. Auf dem Weg zu dieser Grundhaltung ist fortwährende Selbstreflexion die beste Lernhilfe.

Zum Nachdenken

Ein Bauer hatte in seinem Gehöft eine Schlange, die er als Schutzgeist des Hauses hoch hielt und der er täglich Speise vorsetzte. Eines Tages aber biss die Schlange den Sohn des Bauern, der sie gequält hatte, sodass dieser starb. Da ergrimmte der Bauer und beschloss, die Schlange zu töten. Deshalb nahm er eine Axt und stellte sich vor das Loch, in dem die Schlange hauste, um sie zu erschlagen, sobald sie herauskäme. Als dann die Schlange den Kopf hervorstreckte, schlug er zu. Aber die Schlange fuhr schnell zurück, und der Beilhieb spaltete nur den Stein oberhalb der Höhle. Nach einiger Zeit ging der Bauer in sich und beschloss, die Schlange wieder gut zu stimmen. Daher stellte er Honig und Milch vor den Eingang der Höhle und bat die Schlange, sich wieder mit ihm zu versöhnen. Aber die Schlange sagte: „Zwischen uns kann nicht Friede und Freundschaft sein, solange ich den gespaltenen Stein sehe und du das Grab deines Sohnes."

Äsop

Weiterführende Literatur

Keller, G. (2010). *Vulkangebiet Schule. Konfliktdiagnose, Konfliktlösung, Konfliktprävention.* Bern: Huber.

Knapp, R., Neubauer, W. & Gampe, H. (Hrsg.). (2008). *Schulische Konflikte bewältigen.* Köln: Link und Luchterhand.

Redlich, A. (2006). *Konfliktmoderation* (6. Aufl.). Hamburg: Windmühle.

7 Konferenzmoderation

Eine Konferenz ist eine Sitzung, bei der viele hineingehen und wenig herauskommt.

Werner Finckh

Viele schulische Konferenzen finden immer noch im klassischen Stil der leiterzentrierten Kommunikation statt. Der Konferenzleiter hat ei nen relativ hohen Gesprächsanteil und verwendet zu viel Zeit auf die Verkündigung von Informationen. Die Beteiligung der Teilnehmerinnen und Teilnehmer besteht vor allem aus Diskussionsbeiträgen einzelner Meinungsführer. In eine Metapher umgesetzt kann man auch sagen: Es gibt wenige Redelöwen und viele Gazellen.

In Bestandsaufnahmen, die im Kontext schulischer Qualitätsanalysen angefertigt werden, tritt dieses Defizit immer wieder zutage. Als Probleme werden immer wieder genannt:

- zu frontale Leitung,
- mangelnde Vorbereitung,
- keine Zielklarheit,
- Vielrednerei,
- Abschweifungen,
- zu wenige pädagogische Themen,
- verbale Entgleisungen,
- mangelnde Visualisierung,
- zu lange Konferenzdauer,
- fehlende Ergebnissicherung,
- fehlende Zielvereinbarungen.

Ein Großteil dieser Schwierigkeiten lässt sich abbauen, wenn man von traditionellen, leiterzentrierten Konferenzformen Abschied nimmt und die Konferenzkultur weiterentwickelt. Grundsätzlich heißt dies, dass sich die leitende Person als Kommunikationshelfer versteht, der die Teilnehmerinnen und Teilnehmer an der Bearbeitung und Lösung von Problemen aktiv beteiligt. Der teilnehmerzentrierte Moderator achtet außerdem auf ein angenehmes Arbeitsklima und ergebnisorientiertes Arbeiten.

Die Konferenzmoderation beginnt lange vor dem eigentlichen Konferenzbeginn. Die moderierende Person entwirft eine zeitlich realistische Tagesordnung. Sie bereitet sich gut vor, bindet die Betroffenen in die Vorbereitung ein und verschriftlicht all das, was nicht unbedingt mündlich weitergegeben werden muss, in Form informativer Tischvorlagen. Sie sorgt auch dafür, dass Hilfsmittel zur Vermittlung von Informationen und für die Visualisierung von Ergebnissen bereitgestellt werden:

- Stellwände,
- Tageslichtprojektor/Beamer,
- Folien,
- Flipchart,
- Wandzeitungen,
- Plakate,
- Moderationskarten,
- Filzstifte,
- Klebepunkte,
- Klebestifte,
- Klebeband,
- Dekonadeln.

Schließlich sollte ein Konferenzraum so beschaffen sein, dass man sich wohlfühlt und ungestört miteinander kommunizieren kann. Dieses Desideratum lässt sich leider nicht überall verwirklichen.

Ist alles soweit präpariert, kann die Konferenz beginnen. Die moderierende Person begrüßt die Konferenzteilnehmerinnen und Konferenzteilnehmer motivierend. Falls sich die Anwesenden noch nicht kennen, stellt sie sich selbst vor und führt eine kurze Kennenlernrunde durch. Ist diese Anwärmphase beendet, verdeutlicht sie die Tagesordnung und klärt die Protokollfrage. Sie stellt nochmals ein Einverständnis hinsichtlich der Reihenfolge der Tagesordnungspunkte und des Zeitrahmens her. Sie teilt die schriftlichen Informationen aus und beschränkt Erläuterungen und Nachfragen auf das Allernötigste.

Wer den Teilnehmerinnen und Teilnehmern zu einer angenehmen und wirksamen Konferenzkommunikation verhelfen möchte, sollte vor dem Einstieg in die inhaltliche Arbeit bewährte Kommunikationsregeln vermitteln bzw. vereinbaren.

Regeln für die Kommunikation

- Wir gehen fair miteinander um.
- Wir hören dem anderen zu, wenn er spricht.
- Wir unterbrechen ihn nur, wenn uns etwas sehr stört.
- Wir fassen uns kurz und drücken uns klar aus.
- Wir bemühen uns um Offenheit.
- Wir entscheiden selbst, wann wir etwas sagen und was wir sagen.

Möglich ist es auch, dass die Teilnehmerinnen und Teilnehmer selbst Wünsche an das Miteinander formulieren – auf Karten oder auf einer Wandzeitung. Diese werden dann regelartig zusammengefasst.

Jetzt wäre der Zeitpunkt zur gemeinsamen Themenbearbeitung gekommen. Falls auf der Tagesordnung das Schwerpunktthema „Gewalt auf dem Pausenhof" steht, könnte zunächst eine Problemsammlung durchgeführt werden. Die moderierende Person teilt Karten aus und bittet die Teilnehmerinnen und Teilnehmer, auf maximal drei Karten beobachtete Gewaltprobleme zu notieren (nur ein Problem pro Karte). Anschließend werden die Karten eingesammelt, vom Moderator oder vom Kartenschreiber vorgelesen und auf einer Pinnwand gruppiert. Jede Kartengruppe erhält eine passende Überschrift.

Die Überschriften kann man nun in einen Themenspeicher eintragen und bewerten lassen. Jede teilnehmende Person erhält halb so viele Klebepunkte wie Probleme und gibt durch ihre Punktvergabe zu erkennen, welches Problem er vordringlich behandelt haben möchte. Steht die Dringlichkeitsliste fest, entwerfen die Teilnehmer für die ausgewählten Probleme Lösungsideen, die wiederum auf Karten notiert werden. Diese werden gesammelt, erläutert und gebündelt. Darauf aufbauend kann nochmals eine Punktbewertung stattfinden. Einig werden muss man sich jetzt darüber, was letztlich umgesetzt wird und wer was bis wann zu erledigen hat. Dieser Maßnahmenplan muss jedem zugänglich gemacht werden. Abschließend bedankt sich die moderierende Person für die Mitarbeit aller und führt eine kleine Rückmelderunde durch, indem sie beispielsweise fragt, wie zufrieden die Beteiligten mit der Arbeitsatmosphäre und den Arbeitsergebnissen sind.

Wichtig zu wissen ist, dass Problem- und Ideensammlungen nicht unbedingt in Form einer Kartenabfrage vorgenommen werden müssen.

Eine Alternative hierzu ist ein schriftliches Brainstorming, indem jede teilnehmende Person ihre Gedanken zunächst notiert. Im Anschluss daran werden sie genannt, besprochen und auf einem Plakat zusammengefasst. Für den Fall, dass nach dieser Methode gearbeitet wird, sind Visualisierungsregeln zu beachten:

- gut lesbar schreiben,
- möglichst Druckbuchstaben benutzen,
- auf Übersichtlichkeit achten,
- sich auf das Wesentliche beschränken,
- Zeichnungen sind erlaubt.

Während des gesamten Arbeitsprozesses achtet die moderierende Person darauf, dass die Arbeitsstufen und Arbeitsregeln eingehalten werden, die Teilnehmerinnen und Teilnehmer am Thema bleiben und sich alle möglichst gleichmäßig einbringen können. Sie hört gut zu, sie stellt lernträchtige Fragen, sie bremst „Redelöwen“, sie ermuntert zaghafte „Gazellen“ und greift im Falle sprachlicher Fouls grenzziehend ein.

Falls das Konferenzplenum mehr als 20 Teilnehmerinnen und Teilnehmer umfasst, sollte die Problembearbeitung in selbst moderierten Kleingruppen (5 bis 8 Teilnehmer) erfolgen. Hierfür benötigen die Gruppen einen Moderationsleitfaden. Sehr bewährt hat sich die nachstehende Arbeitsschrittfolge:

1. Klären, wer moderiert und wer dokumentiert,
2. Stillarbeit (Stichwörter notieren),
3. Ergebnisse der Stillarbeit im Rundgespräch austauschen,
4. Ergebnisse auf einem Poster zusammenfassen,
5. einen Präsentator bestimmen.

Nicht alle Konferenzen lassen sich nach dieser sehr teilnehmerzentrierten Methode durchführen. Nach den bisherigen Erfahrungen sind dies vor allem solche, in denen Probleme gelöst werden müssen. Und das sind sicherlich viele.

Der Moderations-Werkzeugkasten

Die im Folgenden beschriebenen Übungen können wie ein „Werkzeugkasten“ bei der Moderation genutzt werden. Aus den Arbeitsformen und Methoden wählt der Moderator einzelne Bausteine für seine Moderation aus.

Einstieg

Transparenz herstellen

Der Konferenzablauf wird den Teilnehmern auf einem Plakat, einer Folie oder einer Tischvorlage vorgestellt. Es sollte in dieser Phase möglich sein, das Programm zu modifizieren, falls entsprechende Wünsche geäußert werden.

Erwartungsabfrage

Die Teilnehmer werden aufgefordert, das auszudrücken, was sie sich von der Besprechung wünschen. Dies kann mündlich (kurzes Statement) oder schriftlich (Wandzeitung, Kartenabfrage) geschehen.

Metaphorischer Einstieg

Die Teilnehmer werden aufgefordert, das Thema oder Problem durch einen bildhaften Vergleich zu konkretisieren. Jeder entwirft in einer kurzen Stillarbeit eine Metapher. In der anschließenden metaphorischen Stafette werden sie vorgelesen.

Gruppenbildung

Je mehr Personen an einer Konferenz teilnehmen, desto dringlicher ist es, Problemsammlungen, Problemanalysen und Lösungskonstruktionen in Kleingruppen (6–8 Personen) durchzuführen. Als Möglichkeiten der Gruppenbildung bieten sich an: Zufallsauswahl (z. B. durch Abzählen) oder Kriterienauswahl nach Berufsgruppe, Geschlechtsgruppe, usw. Nicht zu empfehlen ist eine Gruppenbildung nach dem Sympathie-Antipathie-Prinzip.

Arbeitsformen

Abfrage auf Zuruf

Die Frage steht schon auf dem Flipchart. Die Teilnehmer überlegen sich Antworten und rufen sie zu. Der Moderator lenkt den Prozess, der Co-Moderator dokumentiert die Antworten auf dem Flipchart.

Bienenkorb

Nach einer schriftlichen (z. B. Text) oder mündlichen (z. B. Referat) Informationsphase tauschen sich die Teilnehmer in Zweier- oder Dreiergruppen zwanglos über das Erfahrene aus und überlegen sich gegebenenfalls Fragen. Diese Fragen werden anschließend im Plenum bekannt gegeben und beantwortet.

Einpunktabfrage

Die Teilnehmer antworten auf eine visualisierte Frage mit dem Kleben eines Punktes. Beispielsweise steht auf dem Flipchart der Satz „Erfahrungen mit der Moderationsmethode sind ...“ und darunter die Antwortkategorien „sehr gut – gut – mäßig – schlecht – sehr schlecht“.

Kartenabfrage

Den Teilnehmern wird eine Frage vorgegeben. Sie schreiben ihre Antworten stichwortartig mit einem Filzstift deutlich lesbar auf Karten (pro

Karte nur ein zentraler Gedanke). Die Karten werden vom Moderator vorgelesen und im Konsens mit der Gruppe thematisch gruppiert. Jede Kartengruppe erhält einen treffenden Oberbegriff.

Mehrpunktabfrage

Sie ist eine Alternative zur Abstimmung. Sie dient dazu, Schwerpunkte zu ermitteln oder Entscheidungen zu treffen. Jeder Teilnehmer bekommt hierfür Klebepunkte. Die Zahl der Klebepunkte wird nach folgender Formel errechnet: Anzahl der Alternativen dividiert durch zwei.

Meinungsecken

Zu einem Thema, zu Entscheidungsalternativen oder zu einem Problem werden verschiedene Meinungen formuliert. Diese werden in verschiedenen Ecken des Raumes aufgehängt. Die Teilnehmer ordnen sich den Meinungsecken selbst zu. Dort tauschen sie ihre Meinungen und Argumente aus. Anschließend trägt ein Gruppensprecher das Gesprächsergebnis im Plenum kurz vor.

Methode 66

Um ein Problem intensiver zu reflektieren, Ursachen zu suchen oder Ideen zu sammeln, kann ein Konferenzplenum kurzfristig in Gruppen aufgeteilt werden. Jeweils sechs Teilnehmer finden sich in einer Gruppe zusammen und tauschen sich sechs Minuten aus. Das wichtigste Ergebnis (z. B. Lösungsvorschlag) wird von der Gruppe ans Plenum zurückgemeldet. Auf der Grundlage der Gruppenarbeitsergebnisse wird die Plenumsarbeit fortgesetzt.

Stilles Schreibgespräch

An Stellwänden werden Plakate befestigt, auf denen jeweils eine Frage steht. Die Teilnehmer schreiben ihre Antworten darauf. Während der

Beantwortung darf nicht gesprochen werden. Anschließend werden die Antworten besprochen und zusammengefasst.

Themenspeicher

Sind beispielsweise durch die Kartenabfrage Themenschwerpunkte gefunden worden, an denen weitergearbeitet werden soll, empfiehlt sich eine übersichtliche Darstellung auf einem Flipchart. Falls eine Priorisierung notwendig erscheint, kann diese mithilfe einer Mehrpunktabfrage (siehe oben) vorgenommen werden.

Pausen/Entspannungsübungen

Die Konzentrations- und Leistungsfähigkeit der Teilnehmer ist begrenzt. Spätestens nach eineinhalb Stunden ist eine Pause vonnöten. Die Teilnehmer sollen sich bewegen und frische Luft tanken können.

Blitzlicht

Es wird die augenblickliche Stimmung festgestellt. Jeder sagt kurz, wie er sich momentan fühlt, wie zufrieden er mit den bisherigen Arbeitsergebnissen ist und wie er die Kommunikation erlebt.

Stimmungsbarometer

Auf einem Plakat steht oben der Satz „Ich fühle mich momentan ...“ und darunter befindet sich eine Skala mit den Kategorien „sehr gut – gut – mäßig – schlecht – sehr schlecht“. Jeder visualisiert mithilfe eines Klebepunktes auf dieser Skala seine aktuelle Stimmung.

Schluss

Erwartungsabgleich

Falls am Beginn eine Erwartungsabfrage stattgefunden hat, sollte am Schluss darauf rekurriert werden. Jeder Teilnehmer sagt kurz, welche Erwartungen erfüllt wurden, welche nicht und was das nächste Mal besser gemacht werden müsste.

Maßnahmenplan

Um gemeinsam erarbeitete Lösungsvorschläge wirksam in den Alltag umzusetzen, müssen sich die Teilnehmer unter der Moderation des Gesprächsleiters darüber einig werden, wer was bis wann durchführt. Die Ergebnisse des Einigungsprozesses werden in eine Tabelle mit entsprechenden Spaltenüberschriften (Was? Wer? Wann?) eingetragen. Abschließend wird eine Erfolgskontrolle terminiert.

Abschlussblitzlicht

Der Moderator bittet jeden Teilnehmer um eine Antwort auf folgende Frage: „Wie war der heutige Tag für Sie? Geben Sie eine Stellungnahme in ein bis zwei Sätzen ab, ohne die Äußerungen der anderen zu kommentieren."

Zum Nachdenken

Gänsezug
Die erste Gans im Gänsezug,
sie schnattert: „Seht, ich führe!"
Die letzte Gans im Gänsezug,
sie schnattert: „Seht, ich leite!"
Und jede Gans im Gänsezug,
sie denkt: „Dass ich mich breite
so selbstbewusst, das kommt daher,

weil ich, ein unumschränkter Herr,
den Weg mir wähl' nach eignem Sinn,
all meiner Schritte Schreiter bin
und meine Freiheit spüre."

Marie von Ebner-Eschenbach

Weiterführende Literatur

Klebert, K., Schrader, E. & Straub, W. G. (2006). *ModerationsMethode. Das Standardwerk* (3. Aufl.). Hamburg: Windmühle.

Lipp, U. & Will, H. (2008). *Das große Workshop-Buch. Konzeption, Inszenierung und Moderation von Klausuren, Besprechungen und Seminaren* (8. Aufl.). Weinheim: Beltz.

Seifert, J. W. (2011). *Visualisieren Präsentieren Moderieren* (38. Aufl.). Offenbach: Gabal.

8 Dialog-Runde

Die höchste Form der Kommunikation ist der Dialog.

August Everding

In der Schule gibt es auf allen Ebenen einen Bedarf an Gesprächsrunden, in denen neues Wissen und neue Lösungen erarbeitet werden müssen. Für ihr Gelingen sind eine positive Grundhaltung, klare Regeln und eine wirksame Gesprächsleitung vonnöten. Was darunter in der Praxis zu verstehen ist, vermittelt uns das Dialogkonzept (Hartkemeyer et al., 2010).

Dialog heißt im ursprünglichen Sinne Wechselrede. In der Antike war es ein Gespräch auf dem Marktplatz, das so lange dauerte, bis man eine Übereinkunft erzielt hatte. Vorbild der modernen Dialog-Runde ist die Council-Runde der nordamerikanischen Indianer. Dort wurden wichtige Themen des Stammeslebens besprochen. Alle saßen im Kreis. Wer etwas zum Thema sagen wollte, nahm den Redestein. Wer den Redestein in der Hand hielt, durfte nicht unterbrochen werden. Vom Redner wurde erwartet, dass er sich kurz fasst und aus dem Herzen spricht.

Im Dialog teilen sich Menschen ihre Meinungen und Ideen mit. Aus der Fülle des Mitgeteilten sollen Einsichten und Erkenntnisse entstehen, die dem einzelnen Mitglied der Dialog-Runde sonst nicht möglich sind.

Unabdingbar für das Gelingen des Dialogs ist, dass jeder Teilnehmer
- den Gesprächspartner respektiert,
- seine eigenen Annahmen in der Schwebe hält,
- Gegensätze zulässt,
- sich auf Erkundungen einlässt,
- das sagt, was er wirklich meint.

Dies heißt nicht, dass man keinen eigenen Standpunkt haben darf. Es bedeutet, seinen eigenen Standpunkt zu verlassen und sich gemeinsam auf eine Gedankenwanderung zu begeben. Die Rückkehr zu ihm ist immer möglich.

Vom Dialog zu unterscheiden ist die Diskussion. Sie zielt primär darauf ab, eigene Meinungen und Erkenntnisse mitzuteilen und gegenüber den anderen Standpunkten zu verteidigen.

Man unterscheidet zwischen einem generativen Dialog, der zunächst kein konkretes Thema hat und ein zwangloser Austausch ist, und einem zielorientierten Dialog. Letztere Gesprächsform bedeutet, dass das Thema vorgegeben ist und dass man sich mit ihm zielorientiert beschäftigt.

Der Dialog ist nach Peter Senge (2011) eine Grundvoraussetzung der lernenden Organisation (siehe unten). Nur durch die Fähigkeit zum gemeinsamen Denken ist es möglich, miteinander Konzepte zu entwickeln und Probleme der Organisation wirksam zu lösen. In den Teams der lernenden Organisation müssen regelmäßig Dialog-Runden stattfinden.

Im Gegensatz zum hierarchischen Besprechungsstil wird in der Dialog-Runde nichts vorgefertigt, sondern im Gespräch gemeinsam erarbeitet. Auf diese Weise zustande gekommene Konzepte und Lösungen werden nicht als apodiktisch betrachtet, sondern nur als vorläufig umsetzbar. In der nächsten Dialog-Runde werden die Erfahrungen, die zwischenzeitig gemacht worden sind, ausgetauscht und kritisch reflektiert. Was sich als schwierig erwiesen hat, wird wieder in den Dialog eingebracht, und zwar mit dem Ziel, eine bessere Lösung zu entwerfen. So besehen und praktiziert ist der Dialog ein permanenter Arbeits- und Lernprozess.

Eine Dialog-Runde benötigt einen Gesprächsleiter, der ein vertrauensvolles Klima herstellt, den Gesprächsprozess moderiert und das Dialogverhalten fördert. Er sieht seine Rolle primär darin, ein freies Äußern und Zusammenfließen von Gedanken zu ermöglichen. Dies gelingt ihm, indem er fragt, vorsichtig lenkt, klärt, spiegelt, verdeutlicht, reflektiert und zusammenfasst.

Eine Dialog-Runde beginnt mit dem Check-In. Der Gesprächsleiter lässt den Redestein herumwandern und bittet die Dialogteilnehmer darum mitzuteilen, was sie vom Gespräch erwarten bzw. was ihnen wichtig ist. Anschließend werden die Erwartungen der Teilnehmerinnen und Teilnehmer zusammengefasst.

Vor dem eigentlichen Dialog-Beginn wird das Thema konkretisiert. Und es werden die Grundregeln des Dialogs erläutert und vereinbart (vgl. Hartkemeyer et al., 2010).

Grundregeln des Dialogs (nach Hartkemeyer et al., 2010)

1. Wir sind bereit, voneinander zu lernen.
2. Wir achten uns als Menschen.
3. Wir reden über das, was uns wirklich wichtig ist.
4. Wir fassen uns kurz.
5. Wir hören zu, wenn jemand spricht.
6. Wir lassen uns auf Erkundungen ein.
7. Wir fragen aufrichtig und einfach.
8. Wir beobachten unser eigenes und unser gemeinsames Denken.

Jetzt werden die Mitglieder der Dialog-Runde darum gebeten, den Gedankenaustausch zu beginnen und aus dem Herzen zu sprechen. Die Aufgabe des Gesprächsleiters besteht primär darin, den Gedankenfluss vorsichtig zu lenken, Fragen zu stellen, Unklarheiten zu klären, zu spiegeln, was er wahrnimmt, und das Wesentliche zusammenzufassen. Wenn eine Dialog-Regel verletzt wird, greift der Gesprächsleiter ein. Das ist beispielsweise der Fall, wenn ein Teilnehmer die Meinungen der anderen immer wieder bewertet oder ihnen ins Wort fällt.

In dieser Hauptphase des Dialogs kann der Redestein weiterhin als Steuerungsmittel verwendet werden, muss aber nicht. Falls dies die Gruppe möchte, liegt er in der Mitte des Sitzkreises. Derjenige, der etwas sagen möchte, nimmt ihn in die Hand und sagt seine Meinung. Nachdem sein Beitrag zu Ende ist, legt er ihn in die Mitte zurück. Wer den Dialog fortsetzen möchte, holt sich ihn. Der Redestein soll eine Pingpong-Kommunikation verhindern. Mit Hilfe des Redesteins erhält der Kommunikations- und Denkfluss eine angenehme Geschwindigkeit.

Wenn jemand zu monologisieren beginnt, gibt der Gesprächsleiter nach circa eineinhalb bis zwei Minuten ein Handzeichen, um auf die Redezeitbegrenzung hinzuweisen.

Der Dialog sollte nicht länger als zwei Stunden dauern, weil ansonsten das Konzentrationsvermögen der Teilnehmer überfordert wird.

Wenn die Dialogzeit vorüber ist, fasst der Gesprächsleiter das Dialogergebnis kurz und bündig zusammen. Danach erfolgt das Check-Out. Der Redestein wandert im Kreis herum, und jede Person darf sagen, was ihr am Dialog-Prozess aufgefallen ist und wie es ihr am Ende der Runde geht.

Moderationsplan für die erste Dialog-Runde
1. Einchecken 2. Thema/Leitfrage 3. Kennenlernen der unterschiedlichen Sichtweisen 4. Erste Zusammenfassung 5. Reflexion und Erkundung 6. Zweite Zusammenfassung 7. Auschecken

Moderationsplan für nachfolgende Dialog-Runden
1. Einchecken 2. Kurzer Rückblick auf die letzte Dialog-Runde 3. Thema/Leitfrage(n) 4. Kennenlernen der unterschiedlichen Sichtweisen 5. Erste Zusammenfassung 6. Reflexion und Erkundung 7. Zweite Zusammenfassung 8. Auschecken

Lernende Organisation nach Peter Senge

Es gibt „alte“ Organisationen mit starren Hierarchien, die von der Umwelt fest abgeschlossen und wenig lernbereit sind. Und es gibt „lernende“ Organisationen, die die Betroffenen zu Beteiligten macht, zur Umwelt hin offen sind und ein hohes Maß an Lernbereitschaft aufweisen. Für Peter Senge (2011), Professor am Massachusetts Institute of

Technology, ist eine solche Organisation ein Ort, an dem Menschen fortlaufend ihre Fähigkeiten und Lernstrategien erweitern, um etwas zu schaffen, was sie sich tatsächlich wünschen, und wo neue Denkmodelle und Visionen entstehen. Nur die lernende Organisation wird langfristig mit dem externen Wandel Schritt halten können.

Zentrale Form des Lernens in Organisationen ist der Dialog. Dialog heißt: gemeinsames Denken der Organisationsmitglieder. Nach Peter Senge hat die lernende Organisation fünf Disziplinen (siehe folgender Kasten).

Disziplinen der lernenden Organisation (nach Senge, 2011)

- *Systemdenken:* ganzheitliches Denken und systematisches Erkennen von grundlegenden Strukturen
- *Personal Mastery:* stetiges Klären und Entwickeln des eigenen Könnens und der eigenen Visionen
- *Mentale Modelle:* tief verwurzelte Bilder von der Wirklichkeit
- *Gemeinsame Vision:* gemeinsame Bilder von der Zukunft und ihren Möglichkeiten
- *Teamlernen:* gemeinsames Denken und Handeln

Die wichtigste dieser fünf Disziplinen ist das Systemdenken. Aufgabe des Systemdenkens ist es, herauszufinden, wo sparsame Interventionen zu signifikanten Verbesserungen und Entwicklungen führen können. Hilfreich beim Systemdenken ist die Beachtung der folgenden Gesetzmäßigkeiten, die Senge bei der Analyse von Organisationen und Prozessen entdeckt hat.

Gesetzmäßigkeiten des Systemdenkens

Die Lösungen von gestern sind die Probleme von heute

Einmal erfolgreiche Lösungen werden kontinuierlich und unbedacht auf neue Probleme übertragen. Diese perpetuierten Muster werden erst dann hinterfragt, wenn das System in eine größere Krise gerät. Häufig sind diejenigen, die das Muster erfunden haben, gar nicht mehr in der Organisation. Das heißt, es gibt Lösungsmuster, die weitervererbt werden.

Je mehr man sich anstrengt, desto schlimmer wird es

Je mehr in einer Organisation Änderungsdruck erzeugt wird, desto größer wird der Widerstand. Die Bedenkenträger verweisen auf die guten Traditionen. Der Fehler beim Innovieren besteht oft darin, dass das bisher Gute zu wenig anerkannt wird.

Das Verhalten verbessert sich, bevor es sich verschlechtert

Besondere Kraftanstrengungen ohne Hebelwirkung verbessern kurzfristig die Wirkung des alten Lösungsmusters. Nach einer kurzfristigen Besserung kehrt das alte Problem zurück, meist in schlimmerer Form.

Der bequemste Ausweg erweist sich zumeist als Drehtür

Der Hebel der Veränderung wird gerne, oft mit vertrauten Lösungsverfahren, dort angesetzt, wo es niemandem wehtut. Man hat große Scheu vor Lösungen, die zu qualitativen bzw. strukturellen Änderungen des Systems führen.

Die Therapie kann schlimmer sein als die Krankheit

Manche Lösung verschärft zunächst das Problem. Im Gefolge davon entsteht Kopflosigkeit. Noch mehr derselben unwirksamen Lösungsverfahren werden blindlings angewandt. Zurück bleibt ein Scherbenhaufen.

Schneller ist langsamer

Aus der Geschichte vom Hasen und Igel können wir lernen, dass nicht immer der Schnellste den Wettlauf gewinnt. Impulsive Änderungen überfordern Organisationen und Personen. Wer ein System verändern möchte, muss die Änderungsgeschwindigkeit zuvor genau kalkulieren.

Ursache und Wirkung liegen räumlich und zeitlich nicht nahe beieinander

Zwischen den Ursachen und ihren Wirkungen liegen oft weite Strecken und lange Zeiten. Dies wird beim Entwurf von Interventionen manchmal nicht bedacht. Wer etwas ändern möchte, muss deshalb die Problemursachen gründlich diagnostizieren.

Kleine Veränderungen können eine Riesenwirkung haben – aber die Maßnahmen mit der stärksten Hebelwirkung sind häufig zugleich die unauffälligsten

Auch sehr schwierige Probleme kann man lösen, wenn man herausfindet, wo das Ansetzen des Hebels zu großen Wirkungen führt. Es ist möglich, Lösungen zu konstruieren, die mit wenig Energieaufwand und Widerstand umgesetzt werden können.

Sie können den Kuchen essen und behalten – nur nicht gleichzeitig

Viele Problemlösungen scheitern deshalb, weil wir in Entweder-oder-Kategorien denken. Zum Beispiel glaubt man, dass Produkte mit hoher Qualität immer mit höheren Produktionskosten verbunden sind. Dennoch gibt es Hersteller, denen es gelungen ist, durch neue Fertigkeiten und Verfahren kostengünstige Qualitätsprodukte zu erzeugen. Wenn man sich Zeit lässt, kann man beide Komponenten eines Problems verbessern.

Wer einen Elefanten in zwei Hälften teilt, bekommt nicht zwei kleine Elefanten

Organisationsprobleme müssen im Kontext der Gesamtorganisation betrachtet werden. Dann kann man das Zusammenspiel von Faktoren bei der Problemverursachung erkennen. Und wer dieses Zusammenspiel herausfindet, weiß auch, wo man den Hebel der Veränderung ansetzen muss.

Niemand ist schuld

Es ist falsch, Probleme von großer Reichweite hauptsächlich durch die Suche von Schuldigen und Sündenböcken zu lösen. Besser ist es, nach Strukturen zu suchen, die ständig Probleme erzeugen.

> **Zum Nachdenken**
>
> Nicht die Wahrheit, in deren Besitz irgendein Mensch ist oder zu sein vermeinet, sondern die aufrichtige Mühe, die er angewandt hat, hinter die Wahrheit zu kommen, macht den Wert des Menschen. Denn nicht durch den Besitz, sondern durch die Nachforschung der Wahrheit erweitern sich seine Kräfte, worin allein seine immer wachsende Vollkommenheit bestehet. Der Besitz macht ruhig, träge, stolz.
>
> Gotthold Ephraim Lessing

Weiterführende Literatur

Bohm, D. (2011). *Der Dialog. Das offene Gespräch am Ende der Diskussion* (6. Aufl.). Stuttgart: Klett-Cotta.

Hartkemeyer, M., Hartkemeyer, J. F. & Freeman, D. L. (2010). *Miteinander Denken. Das Geheimnis des Dialogs* (5. Aufl.). Stuttgart: Klett-Cotta.

Senge, P. (2011). *Die fünfte Disziplin. Kunst und Praxis der lernenden Organisation* (11. Aufl.). Stuttgart: Schäffer-Poeschel.

9 Kollegiale Beratung

Lass dir von keinem Fachmann imponieren, der dir erzählt:
„Lieber Freund, das mache ich schon seit zwanzig Jahren so!“
Man kann eine Sache auch zwanzig Jahre lang falsch machen.

Kurt Tucholsky

Am schulischen Arbeitsplatz gibt es immer wieder berufliche Problemsituationen, in denen eine Lehrperson den Rat der anderen sucht. Wenn sich ein Kollege als Ratsuchender outet und um einen Rat bittet, heißt dies noch lange nicht, dass ihm geholfen wird. Manche Beratung ist schon zu Ende, bevor sie begonnen hat. Häufig kommt sie deshalb nicht zustande, weil der angesprochene Kollege sich nicht auf eine helfend-beratende Beziehung einlässt, sondern das Hilfesuchen abschätzig kommentiert. Wer dies zu spüren bekommt, getraut sich immer weniger, den Mitmenschen um Rat zu fragen. Er wird in Zukunft das Problem lieber bei sich behalten und seinen Weg als gestresster und frustrierter Einzelkämpfer fortsetzen.

Es geschieht nicht selten, dass ein kollegiales Beratungsgespräch zunächst positiv in Gang kommt. Der Kollege A äußert sein Problem. Die Kollegin B hört verständnisvoll zu. Der Kollege A fühlt sich angenommen und kommt nun zu einem Punkt, an dem er von Kollegin B gerne einen Rat hätte. Und plötzlich entpuppt sich Kollegin B als „Ratschlägerin“, indem sie, ob gewollt oder ungewollt, Kollege A entmutigt: „Wenn du dich besser durchsetzen möchtest, musst du intelligenter handeln.“ Der Kollege A fühlt sich entmutigt und erlebt den Rat als Killerbotschaft.

Wenn man von einem Kollegen um Rat gefragt wird, wendet man sich ihm konzentriert zu. Er soll die Chance bekommen, sein Problem darzulegen. Man hört ihm dabei aufmerksam zu. Man versetzt sich in seine Situation. Man fasst zusammen, was er gesagt hat. Man fragt nach, wenn man etwas nicht verstanden hat. Und man hilft ihm das auszusprechen, was ihm auf der Seele liegt. Sein Hauptproblem besteht möglicherweise darin, dass er unterdrückte Gefühle nicht ausdrücken bzw. loswerden kann.

Einen Rat gibt man ihm erst, wenn er selbst keine Lösungsidee finden kann. Der Rat soll freundlich, vorsichtig und ermutigend formuliert sein. Und die Rat suchende Person soll der Souverän im Prozess der Problemlösung bleiben. Das heißt, sie weiß nun einen Lösungsweg, entscheidet aber selbst, ob sie ihn beschreitet und wie sie ihn begeht.

Kollegiale Beratung kann auch in Kleingruppen praktiziert werden. Diese Variante wird in sozialpädagogischen und pädagogischen Berufsfeldern als Intervision bezeichnet oder auch als Supervision ohne Supervisor (Hendriksen, 2011). Ziel der Intervision ist die gemeinsame Bearbeitung und Lösung beruflicher Probleme. Sie findet in einer Gruppe statt, der maximal zehn Personen angehören und die sich regelmäßig in dieser Formation trifft. Eine Intervisionssitzung dauert durchschnittlich zwei Stunden und wird jedes Mal von einem anderen Gruppenmitglied geleitet.

Am Intervisionsbeginn findet zunächst ein Casting statt. Casting heißt, dass folgende Hauptrollen verteilt werden (Tietze, 2003):

- *Moderator:* Er leitet das Gespräch.
- *Fallerzähler:* Er bringt ein Problem in die Intervisionsrunde ein.
- *Berater:* Sie machen Vorschläge, wie das eingebrachte Problem gelöst werden kann.
- *Dokumentar:* Er protokolliert bzw. visualisiert die Vorschläge zur Lösung des Problems.
- *Prozessbeobachter:* Er beobachtet die Kommunikation und gibt am Schluss hierüber ein Feedback.

Die Intervisionssitzung beginnt mit einer Problemsammlung. Jeder darf kurz, in ein paar Sätzen, ein Problem nennen, das er als Fall einbringen möchte. Ist die Sammlung zu Ende, wird festgelegt, welches Problem zuerst, welches an zweiter und welches an dritter Stelle bearbeitet wird. Dies kann im konsensuellen Dialog geschehen oder durch eine Abstimmung. Da man meist nicht mehr als drei Fälle schafft, werden die Personen, deren Fälle als nicht so dringlich eingeschätzt wurden, darum gebeten, ihr Problem entweder später mit einem Tandempartner zu besprechen oder es in einer späteren Sitzung einzubringen.

In der nächsten Intervisionsphase stellt der Fallerzähler sein Problem dar. Hierfür stehen ihm fünf bis zehn Minuten Zeit zur Verfügung. Hat er seine Falldarstellung beendet, wird zuerst eine Resonanzmessung durchgeführt, indem die Anwesenden rückmelden, was der Fall in ihnen ausgelöst hat. Danach erhalten die Berater Gelegenheit, Fragen zu stellen. Der Moderator interveniert nur, wenn jemand bereits jetzt schon Lösungsideen zu äußern beginnt. Sind alle Verständnisfragen beantwortet, wird der Fallerzähler aufgefordert, seine Schlüsselfrage zu formulieren. Diese könnte im Falle eines Disziplinproblems beispielsweise lauten: „Ich möchte wissen, wie ich meine Klasse wirksamer führen kann.“

Jetzt sind die Voraussetzungen für die Lösungskonstruktion gegeben. Die Frage an die Berater heißt jetzt: Wie könnte man das geschilderte Problem lösen? Alle können nun ihre Lösungsideen vortragen. Diese werden vom Dokumentar mitgeschrieben, am besten für alle gut sichtbar auf einem Flipchart.

Am Beginn der Abschlussphase wendet sich der Moderator mit folgenden Fragen an den Fallerzähler:

- „Welche Vorschläge finden Sie hilfreich für die Lösung Ihres Problems?“
- „Was ist für Sie der erste Lösungsschritt?“

Im Anschluss daran teilen die Teilnehmerinnen und Teilnehmer mit, wie sie die Gesprächsführung des Moderators wahrgenommen haben. Und der Prozessbeobachter meldet zurück, was ihm am Intervisionsprozess aufgefallen ist. Seine Wahrnehmungen sind wichtig für die Weiterentwicklung bzw. Verbesserung der Kommunikation und Kooperation.

Bei der Einrichtung von Intervisionsgruppen sollte man sich von einer externen Fachperson beraten und anleiten lassen. Normalerweise leitet sie ein paar Intervisionen zusammen mit einem Gruppenmitglied. Dann folgt eine Trainingsphase, in der die Intervision gruppenintern unter der Beobachtung der externen Fachperson moderiert wird. Diese gibt dann jeweils lernförderliche Rückmeldungen. Erst dann darf die selbst organisierte Fallbesprechung beginnen.

Sehr zu empfehlen ist es, wenn die Gruppe mit dieser Person in größeren Intervallen ihre Kommunikation und Kooperation reflektiert.

Schließlich ist auch zu beachten, dass die Intervision für die Klärung von Teamkonflikten nicht geeignet ist.

Intervisions-Leitfaden

1. Rollenverteilung: Es wird geklärt, wer welche Rolle übernimmt.
2. Problemsammlung: Jedes Gruppenmitglied darf ein aktuelles dringliches Problem in ein paar kurzen Sätzen nennen.
3. Problemauswahl: Die Gruppe entscheidet sich, welche Fälle heute behandelt werden.
4. Fallbericht: Der Fallerzähler erläutert sein Problem und stellt eine Schlüsselfrage.
5. Lösungskonstruktion: Es werden Lösungsideen entwickelt.
6. Abschluss: Es wird Feedback zur Lösungstauglichkeit der Ideen, zur Gesprächsleitung und zur Gruppenkommunikation gegeben.

Aufgaben des Moderators in der Intervision

- das Gespräch strukturieren (Schrittfolge, Zeitrahmen)
- Gesprächs- und Arbeitsregeln vorgeben und auf deren Einhaltung achten
- Schritte vorgeben, eröffnen, beschließen
- Formulierung der Schlüsselfrage einfordern
- stützendes und erkundendes Fragen
- Wesentliches zusammenfassen
- Feedback einholen

Zum Nachdenken

Du scheinst gar nicht zu wissen, dass wer mit dem Sokrates ins Gespräch kommt und sich mit ihm einlässt, unvermeidlich, wenn er auch von etwas ganz anderem zuerst angefangen hat zu reden, von diesem so lange ohne Ruhe herumgeführt wird, bis er ihn da hat, dass er Rede stehen muss über sich selbst, auf welche Weise er jetzt lebt, und auf welche er das vorige Leben gelebt hat, wenn ihn aber Sokrates da hat, dass er ihn dann gewiss nicht eher auslässt, bis er dies alles gut und gründlich untersucht hat. Ich nun bin schon mit ihm bekannt und weiß, dass man dieses notwendig von ihm leiden muss, ja auch, dass es mir selbst begegnen wird, weiß ich sehr wohl. Denn gern, o Lysimachos, lasse ich mich ein mit dem Manne, und halte es nicht für etwas Übles daran erinnert zu werden, wo wir etwa nicht schön gehandelt haben oder noch handeln, sondern für notwendig, dass derjenige vorsichtiger werden muss für sein nachheriges Leben, der dieses nicht scheut, sondern es wünscht nach des Sokrates Gespräch, und gern lernen will so lange er lebt, nicht aber meint, dass das Alter ihm schon von selbst den Verstand mitbringen werde.

Platon

Weiterführende Literatur

Hendriksen, J. (2011). *Intervision. Kollegiale Beratung in sozialer Arbeit und Schule* (3. Aufl.). Weinheim: Beltz.

Lippmann, E. (2009). *Intervision. Kollegiales Coaching professionell gestalten* (2. Aufl.). Berlin: Springer.

Zeiler, R. (2012). *Kollegiale Fallberatung in der Schule. Warum, wann und wie?* Mülheim: Verlag an der Ruhr.

10 Kollegiale Hospitation

Das kollegiale Feedback bietet die Möglichkeit, von einem „gleichgestellten Profi" eine Rückmeldung zum eigenen Unterricht zu erhalten.

Norbert Landwehr

Die lernende Organisation Schule erkennt man auch und vor allem daran, dass die Lehrerinnen und Lehrer voneinander lernen. Hierfür bietet sich die kollegiale Hospitation als Lernform an (Buhren, 2012). Erste Voraussetzung dieser nach wie vor angstbesetzten Methode ist, dass die an einer kollegialen Hospitation interessierten Lehrpersonen zueinander das notwendige Maß an Vertrauen haben. Zweitens muss klar sein, dass sie sich nicht besuchen, um sich zu beurteilen, sondern um sich zu beobachten. Und drittens werden die Beobachtungen nach den Regeln eines konstruktiven und fairen Feedbacks zurückgemeldet.

Wenn diese Grundvoraussetzungen gegeben sind, wird die Hospitation vorbereitet. Die zu besuchende Lehrperson teilt der beobachtenden Lehrperson mit, auf welche Aspekte ihres Unterrichtsverhaltens sich die Beobachtung beziehen soll.

Während der Hospitationsstunde notiert die beobachtende Lehrperson das, was sie wahrnimmt. Interpretationen vermeidet sie bewusst. Zur Beobachtung kann sie auch ein standardisiertes oder halbstandardisiertes Beobachtungsinstrument verwenden (siehe Buhren, 2012).

Der Hospitation folgt ein Feedbackgespräch – entweder direkt auf dem „Urprotokoll" basierend oder etwas später, was der beobachtenden Lehrperson eine Überarbeitung der Notizen ermöglicht.

Das Feedbackgespräch führt die beobachtende Lehrperson mit viel Fingerspitzengefühl. Sie meldet zurück, was sie in den vereinbarten Unterrichtsbereichen beobachtet hat, ohne dass sie die beobachtete Lehrperson be- oder verurteilt. Die beobachtete Lehrperson hört dem Feedbackgeber zu, ohne sich zu rechtfertigen. Falls erforderlich, stellt sie Verständnisfragen.

Sie entscheidet selbst, was des Weiteren besprochen wird. Welche Konsequenzen für die Weiterentwicklung der Unterrichtskompetenz zu ziehen sind, bleibt der Initiative der beobachteten Lehrperson überlassen.

Abschließend reflektieren beide Qualitätspartner den Prozess der Unterrichtshospitation. Sie überlegen, was gut gelungen ist und was noch verbessert werden kann.

Regeln für das Feedbackgespräch

Feedbackgeben:
- Beschreiben Sie möglichst konkret Ihre Wahrnehmung und werten Sie nicht.
- Weisen Sie darauf hin, dass Ihre Mitteilung nur vorläufig ist und gemeinsam überprüft werden muss.
- Formulieren Sie Ihre Rückmeldung taktvoll.
- Beziehen Sie Kritik immer auf das Sie störende Verhalten und nicht auf die Person.
- Belehren Sie den Kommunikationspartner nicht, sondern helfen Sie ihm.
- Melden Sie nicht nur Kritisches zurück, sondern zuerst Positives.
- Seien Sie ehrlich und sprechen Sie aus dem Herzen.

Feedbacknehmen:
- Lassen Sie den Gesprächspartner ausreden und fallen Sie ihm nicht gleich ins Wort.
- Nehmen Sie seine Rückmeldung gelassen auf, und zwar als dessen eigene Wirklichkeitsbeschreibung.
- Begeben Sie sich nicht gleich in eine Verteidigungsposition, sondern in die des neugierigen Zuhörers.
- Fragen Sie bei Unklarheiten nach und bitten Sie um konkrete Beispiele.
- Überlegen Sie, wo Sie aus der Rückmeldung im Sinne eines persönlichen Weiterlernens Nutzen gewinnen können.
- Bedanken Sie sich beim Lernpartner für die Rückmeldung.

Zum Nachdenken

Wenn man sein äußeres Aussehen prüfen will, bedient man sich eines guten Spiegels. Wenn der Regent seine Fehler erkennen will, verlässt er sich auf die treue Aufrichtigkeit seiner Minister. Wenn er nur seinem eigenen Licht traut und meint der Kritik nicht zu bedürfen, dann wird er bald nur noch von Schmeichlern umgeben sein, die ihn eine Unsumme von Fehlern begehen lassen und ins Verderben stürzen. Wenn ihr mir treu dienen wollt, müsst ihr mir rücksichtslos meine Fehler nennen.

Tang Tai Tsung

Weiterführende Literatur

Buhren, C. G. (2012). *Kollegiale Hospitation. Verfahren, Methoden und Beispiele aus der Praxis* (2. Aufl.). Kronau: Link.

Fengler, J. (2009). *Feedback geben. Strategien und Übungen* (4. Aufl.). Weinheim: Beltz.

Kempfert, G. & Ludwig, M. (2010). *Kollegiale Unterrichtsbesuche. Besser und leichter unterrichten durch Kollegen-Feedback* (2. Aufl.). Weinheim: Beltz.

11 Umgang mit Widerstand

Widerstand ist eine indirekte Form der Rückmeldung.

Claudius Hennig

Wer in der Schule berät oder moderiert, wird unweigerlich wahrnehmen, dass sich Kommunikationsziele selten störungsfrei und ideal erreichen lassen. Es ist völlig normal, wenn in diesen Prozessen Widerstand auftritt. Oder anders ausgedrückt: Es gibt keine Veränderung ohne Widerstand. Zu dieser Erkenntnis ist auch vor mehr als hundert Jahren Sigmund Freud gelangt, als er die Psychoanalyse kreierte.

Widerstand ist ein vieldeutiger und problematischer Begriff. Man unterscheidet folgende Widerstandsbegriffe:
- physikalisch: hemmende Kraft (z. B. Luftwiderstand, Strömungswiderstand),
- rechtlich: Widerstand gegen die Staatsgewalt,
- historisch-politisch: Widerstand gegen eine Diktatur oder eine Besatzungsmacht,
- psychoanalytisch: Abwehr gegen die Deutungen und Hilfen des Analytikers,
- psychologisch: Abwehr gegen die Einengung des persönlichen Handlungsspielraums,
- soziologisch: Abwehr gegen Änderungsprozesse in Organisationen.

Für professionelle Kommunikatoren ist der psychologische Widerstandsbegriff von besonderer Bedeutung. Widerstand im psychologischen Sinne wird auch als Reaktanz bezeichnet. Brehm und Brehm (1981) verstehen darunter die Reaktion des Menschen auf die Einschränkung seiner Handlungsfreiheit. Sinn und Zweck der Reaktanz ist es, den persönlichen Handlungsspielraum zu verteidigen oder wiederherzustellen. Sie äußert sich in verschiedenen Formen:
- offener Widerstand,
- verdeckter Widerstand,
- ablenkender Widerstand,
- Passivität als Widerstand,
- Bagatellisieren von Anlässen,

- Lächerlichmachen von Anlässen,
- aus dem Feld gehen (Flüchten).

Das Spektrum der Widerstandsursachen ist breit. Sowohl der Sender als auch der Empfänger tragen zum Widerstand bei. Als Ursachen kommen in Frage:

- Kommunikationsstil des Senders: Pushend, aggressiv, direktiv.
- Angst vor dem Neuen: Der „Widerständler" hat Angst vor tiefgreifenden Veränderungen.
- Egoismus: Der bisherige Eigennutz gerät in Gefahr.
- Gewohnheitsdenken: Routine ist gut, Innovation ist schlecht.
- Faulheit: Was zusätzlichen Aufwand erfordert, wird abgelehnt.
- Negative Änderungserfahrungen: Man hat Änderungsprozesse erlebt, die fehlgeschlagen sind.
- Burnout: Der eigene Zustand ist so schlecht, dass keine Änderungsenergie vorhanden ist.
- Zeitmangel: Das Zeitbudget ist ausgebucht.
- Unklare Informationen: Ziele und Wege der Änderung werden nicht konkretisiert.
- Zu hohe Ziele: Es werden Ziele angesteuert, die „Höhenangst" hervorrufen: „Das schaffe ich nie!"
- Zu wenig Transparenz: Es ist nicht klar, wohin die Reise gehen soll.
- Zu wenig Partizipation: Die Betroffenen werden nicht beteiligt.
- Zu wenig Wertschätzung: Alles Heil wird im Neuen gesehen. Es entsteht das Gefühl, dass die bisherige Arbeit nicht gut war.
- Zu verschiedene Wirklichkeitskonstruktion: Die Wirklichkeit wird unterschiedlich wahrgenommen.
- Hierarchie-Aversionen: „Was von dort oben kommt, kann nicht gut sein."

Wer mit Widerstand konstruktiv umgehen möchte, sollte mit ihm gehen und nicht gegen ihn. Versucht man, ihn machtorientiert zu lösen oder zu negieren, verstärkt man ihn. Die Folge kann zum einen sein, dass der Kommunikationspartner sich vollkommen verweigert. Zum anderen ist es auch möglich, dass er sich rein taktisch auf eine Zielvereinbarung einlässt, diese aber missachtet und die alte Freiheit heimlich wiederherstellt. Wer mit dem Widerstand anders umgehen möchte, dem können folgende Empfehlungen hilfreich sein.

Empfehlungen für den Umgang mit Widerstand

- Sprechen Sie den Widerstand, den Sie wahrnehmen, offen an: „Mir fällt auf, dass Sie auf meine Empfehlung nicht eingehen.“
- Erkennen Sie eigene Anteile am Widerstand des anderen, indem Sie das Was und Wie Ihrer Kommunikation selbstkritisch überprüfen.
- Würdigen Sie das, was Ihr Kommunikationspartner oder Ihr Team bisher geleistet hat.
- Respektieren Sie den Bedenkenträger als Person. Kränken Sie ihn nicht, indem Sie ihn bloßstellen oder unfair attackieren.
- Nehmen Sie Bedenken ernst und fragen Sie nach den Beweggründen.
- Formulieren Sie Ihre Botschaften so, dass der Empfänger einen Entscheidungsspielraum hat.
- Verzichten Sie möglichst auf Wörter wie müssen, sollen oder nicht dürfen. Besser sind Wörter wie können, wollen oder möchten.
- Ermutigen Sie den oder die „Widerständler“ dazu, ihre Ängste und Sorgen zu äußern. Hören Sie aktiv zu.
- Vermeiden Sie zu hohe Änderungsziele. Der Fortschritt ist eine zielorientierte Schnecke und kein aufgeregtes Känguru.
- Bleiben Sie geduldig, sonst regt sich beim anderen das trotzige Kindheits-Ich.
- Informieren Sie im Werdeprozess von Vorhaben und Entscheidungen transparent und beteiligen Sie die Betroffenen.
- Gewähren Sie Korrektur- und Kündigungsrechte. „Wenn Sie der Änderungsprozess überfordert, können wir zu jeder Zeit Ziele ändern oder gemeinsam über Alternativen nachdenken.“
- Probieren Sie paradoxe Interventionen aus gemäß der Bauernweisheit: „Das Kalb nicht am Kopf ziehen, sondern am Schwanz.“

Bevor man Widerstand zu bearbeiten beginnt, muss man ihn entschlüsseln. Was jemand an Bedenken und Gegenargumenten äußert, hat nicht selten eine Kernbotschaft, in der das eigentliche Anliegen zum Ausdruck kommt. Als Beispiel sei ein Elternpaar genannt, das den Nutzen eines konsequenteren Erziehungsstils vehement in Frage stellt. Im Verlauf des Dialogs darüber offenbart es sein Abwehr-Motiv und bekennt, dass es Angst vor dem anstrengenden Aufwand hat. Ein solches Bekenntnis erhöht die Chance einer Konfliktlösung enorm. Nun kann gemeinsam überlegt werden werden, welche Unterstützung ihre Angst beseitigen helfen kann.

Wer schwierige Widerstände systematisch reflektieren möchte, kann hierzu das nachstehende Instrument verwenden. Nur eine gründliche Analyse verhindert, dass falsches und erfolgloses Handeln nach dem Prinzip „Mehr desselben“ fortgesetzt wird.

Widerstandsanalysebogen

Worum geht es?

___

Seit wann gibt es den Widerstand?

___

Ist der Widerstand eher offen oder eher verdeckt?

___

Gibt es eine zentrale Widerstandsbotschaft und wie lautet sie?

___

Welche Emotionen hat der Widerstand bei den Akteuren ausgelöst?

___

Was ist bisher zur Bewältigung des Widerstands unternommen worden?

___

Gibt es Ausnahmen vom Widerstand? Wenn ja, welche?

___

Intensität des Widerstandsverhaltens

gering 1 2 3 4 5 6 7 8 9 10 stark

Was lässt sich aus der „Widerstandsbotschaft“ heraushören?

___

___

Was ist das Positive am Widerstand?

___

___

Wie könnte das Problem gelöst werden?

___

___

Zum Nachdenken

Ein chinesischer Bauer hatte seine Reispflänzchen zur rechten Zeit in den Boden eingebracht und versäumte keinen Morgen, zum Feld zu gehen, um nach dem Gedeihen der noch zarten Halme zu schauen. Die Voraussetzungen dazu waren gut: er hatte gedüngt, fleißig gewässert und auch die Pflanzen sicher und fest im Boden eingedrückt. Die Sonne schien, und die Luft war lau und mild. Zwei Wochen gingen ins Land – unser Bauer wurde ungeduldig. Die Pflanzen schienen ihm nur wenig größer geworden zu sein. Er sann auf ein Mittel, den Trieb zu beschleunigen. Es kam ihm nichts Besseres in den Sinn, als an den Halmen täglich ein bisschen zu ziehen. Als er aber am siebten Tag aufs Feld kam, was musste er sehen? Die Pflänzchen lagen welk und entwurzelt im Wasser und er musste mit seiner Arbeit von vorne beginnen.

Eine chinesische Weisheitsgeschichte

Weiterführende Literatur

Miller, R. (2004). *„Das ist ja wieder typisch!“: 25 Trainingsbausteine für gelungene Kommunikation in der Schule* (4. Aufl.). Weinheim: Beltz.

Lahninger, P. (2005). *Widerstand als Motivation: Herausforderungen konstruktiv nutzen in Moderation, Training, Teamentwicklung, Coaching und Beratung* (2. Aufl.). Münster: Ökotopia.

Weisbach, C. R. (2008). *Professionelle Gesprächsführung. Ein praxisnahes Lese- und Übungsbuch* (7. Aufl.). München: Beck.

12 Schulische Kommunikationskultur

Auf dem Boden förderlicher Beziehungen können wir leichter miteinander arbeiten.

Reinhold Miller

Die Schule ist ein hochverdichteter sozialer Raum. Aufgrund der engen Bezogenheit ist es schier unmöglich, darin nicht zu kommunizieren. Auf den verschiedenen Beziehungsebenen treten schultäglich Konflikte auf, was menschlich, allzu menschlich ist. Lassen sie sich nicht lösen und nehmen sie überhand, beeinträchtigen sie über kurz oder lang das Kommunikationsklima, die Befindlichkeit und die Leistungsergebnisse vieler Schulmitglieder. Wie eine achtsame, konfliktpräventive Kommunikationskultur entwickelt und gepflegt werden kann, wird im Folgenden aufgezeigt.

12.1 Lehrer-Schüler-Kommunikation

Die Schüler verbringen während ihrer Schulzeit circa 15 000 Stunden in der Schule. Dort sind die Lehrerinnen und Lehrer ihre wichtigsten Bezugspersonen. Die Lehrer-Schüler-Beziehung hat wie die meisten Kinder-Erwachsenen-Beziehungen eine asymmetrische Struktur. Während die Lehrperson explizit das Recht hat, Schülern Aufträge und Weisungen zu erteilen oder sie für ein Fehlverhalten zu sanktionieren, sind den Heranwachsenden diese Möglichkeiten nicht gegeben. Andererseits ist diese „schiefe" Beziehung kein Willkürverhältnis. Die Schüler haben nämlich ein Anrecht darauf, dass die Lehrperson ihre Würde als Mensch achtet und sie körperlich und seelisch nicht verletzt.

Obwohl sich viele Lehrpersonen um eine partnerschaftliche Beziehung zu den Schülern bemühen, geraten sie immer wieder in Rollenkonflikte. Und zwar deshalb, weil sie den Erziehungs- und Bildungsauftrag der Schule umsetzen müssen.

Beim Blick auf die tägliche Lehrer-Schüler-Kommunikation fallen dem Beobachter nicht nur Rollenkonflikte auf, sondern auch Kommunikationsstörungen. Denn wie jede menschliche Beziehung ist auch die Lehrer-Schüler-Beziehung prinzipiell störanfällig. Aus Lehrersicht werden an typischen Kommunikationsproblemen immer wieder genannt:

- Verbalaggressionen (Beschimpfung, Beleidigung, Kränkung),
- Unhöflichkeit,
- Überempfindlichkeit (Unfähigkeit, Kritik zu ertragen),
- mangelnde Gesprächsbereitschaft,
- generelle Ablehnung.

In Schülergesprächen und Schülerbefragungen werden als Störfaktoren besonders häufig erwähnt:

- Kränkungen,
- Bloßstellungen,
- überfordernder Leistungsdruck,
- zu starke Stofforientierung,
- Ungerechtigkeit,
- mangelndes Einfühlungsvermögen,
- mangelnde Gesprächsbereitschaft,
- Überempfindlichkeit.

Im Sinne gemeinsamer Seelenhygiene sind Lehrende und Lernende auf ein gutes Kommunikationsklima angewiesen. Grundvoraussetzung hierfür ist, dass sich Lehrer um eine menschliche Grundhaltung gegenüber den Schülern bemühen. Sie ist daran zu erkennen, dass man

- die Schüler ungeachtet ihrer Schwierigkeiten als Menschen achtet,
- die Schüler aus deren Innenwelt zu verstehen versucht (Perspektivenwechsel),
- in die pädagogische Beziehung ein Mindestmaß emotionaler Wärme einbringt.

Die wichtigste Konsequenz aus dieser Grundhaltung ist, auf Kränkungen, Bloßstellungen und Demütigungen als Mittel der Verhaltenssteuerung zu verzichten. In kritischen Konfliktsituationen erfordert dies von der Lehrperson ein hohes Maß an Affektkontrolle. Denn manche Schüler provozieren vor allem in der Pubertät bewusst, um Spannungen abzubauen oder um Grenzen auszutesten. Statt einer Gegenaggression sollte die Lehrperson dem Grenzverletzer die Tatsache der Grenzüberschreitung verdeutlichen und mit ihrer ganzen Betroffenheit zurückmelden, was dieser in ihm ausgelöst hat. Schafft sie es in einer Konfliktsituation nicht, ihre Affekte zu kontrollieren, tut sie gut daran, sich zu entschuldigen und um Verzeihung zu bitten. Die Gefahr, dass sie dadurch ihre Position schwächt, ist gering. Eher das Gegenteil wird der Fall sein. Die Schüler erleben die Lehrperson als einen Menschen, der einen Fehler eingesteht, der sie als Mitmenschen ernst nimmt und Kränkungen wiedergutmachen möchte. Ihr Verhalten kann somit auch zum Vorbild für die Lösung von Schüler-Schüler-Konflikten werden.

Da das Kommunikationsbedürfnis vieler Schüler zu Hause nicht mehr optimal befriedigt wird, sind Lehrpersonen zu einem sehr wichtigen Kommunikationspartner geworden. Obwohl ihnen die Rolle des Ersatzvaters oder der Ersatzmutter nicht zugemutet werden kann, sollten sie ein offenes Ohr für Schülerprobleme haben und zum Gespräch bereit sein. Die wesentliche Aufgabe ist dabei die des aktiven Zuhörens. Das heißt, dass die Lehrperson konzentriert zuhört, Probleme aus der Innenwelt der Schüler zu verstehen sucht und das emotional Wichtige in eigenen Worten zusammenfasst. Wo nötig, gibt sie Schülern auch Ratschläge und weist auf Auswege hin.

Zur Pflege der Lehrer-Schüler-Kommunikation sind Dialog-Runden besonders zu empfehlen. Bevor eine Dialog-Runde beginnt, wird zuerst ein Sitzkreis gebildet und danach das Dialog-Regularium erläutert (siehe Kapitel 8). Die Lehrperson nimmt einen Redestein und sagt, was ihr an der Beziehung zur Klasse gefällt und was nicht. Sie gibt den Redestein weiter. Jeder darf sich, muss sich aber nicht zur aktuellen Schüler-Lehrer-Beziehung äußern:

- Was gefällt mir?
- Was gefällt mir nicht?

Während dieser Dialog-Runde schreibt ein Schüler an der Tafel oder auf einer Flipchart die Positiv- und Negativpunkte mit. In einer zweiten Gesprächsrunde werden Vorschläge zur Verbesserung der Lehrer-Schüler-Beziehung gesammelt, an der Tafel oder auf dem Flipchart visualisiert. Auch hier wandert nach derselben Regel der Redestein im Kreis herum. Abschließend einigen sich Lehrperson und Klasse im Konsensgespräch darauf, was vordringlich verbessert werden muss.

Dies wird in Form einer Zielvereinbarung festgehalten, deren Umsetzung zu einem späteren Zeitpunkt gemeinsam bilanziert wird.

Darüber hinaus bietet sich auch ein Beziehungsfeedback mithilfe eines Fragebogens an (siehe unten). Die Untersuchungsergebnisse werden in einem Auswertungsgespräch mit den Schülerinnen und Schülern besprochen. Dieses Gespräch dient zum einen der Klärung und zum anderen der Ableitung von Änderungsmaßnahmen.

Zur Verbesserung der Lehrer-Schüler-Beziehung kann der Lehrer-Schüler-Feedbackbogen eingesetzt werden (siehe unten).

Lehrer-Schüler-Feedbackbogen				
Kreuze bitte an, in welchem Maße folgende Aussagen zutreffen.				
Der Lehrer bzw. die Lehrerin …	trifft zu	trifft eher zu	trifft eher nicht zu	trifft nicht zu
1. achtet uns.	4	3	2	1
2. fühlt sich in uns ein.	4	3	2	1
3. kann gut zuhören.	4	3	2	1
4. ist gerecht.	4	3	2	1
5. behandelt Jungen und Mädchen gleich.	4	3	2	1
6. unterstützt uns.	4	3	2	1
7. hat unser Vertrauen.	4	3	2	1
8. interessiert sich für uns.	4	3	2	1
9. ist gesprächsbereit.	4	3	2	1
10. nimmt Kritik an.	4	3	2	1

12.2 Lehrer-Eltern-Kommunikation

Die Schule ist eine Institution der Gesellschaft, in deren Auftrag sie Wissen, Werte und Kompetenzen vermittelt. Eigentlich sollten Lehrpersonen und Eltern zum Wohle der Entwicklung von Kindern und Jugendlichen zusammenarbeiten. Dennoch ist auch diese schulische Beziehungsebene immer wieder gestört. Aus Elternsicht ist eine Kommunikationsbarriere mangelnde Kooperationsbereitschaft. Sicherlich nicht die Mehrheit, aber ein Teil der Lehrerschaft scheint einer engeren und intensiveren Elternkooperation distanziert gegenüber zu stehen. Damit einher gehen häufig mangelnde Transparenz und Information. Zum einen kann sich dies darin äußern, dass die Klassenleitung die Klassenelternschaft nur mangelhaft über das Leistungs- und Verhaltensgeschehen informiert. Zum anderen kann es auch sein, dass die Schulleitung den Elternbeirat auf Distanz hält und zu wenig informiert und beteiligt. Außerdem geraten Lehrpersonen und Eltern bisweilen miteinander in Konflikt, weil unterschiedliche Auffassungen über Benotungen oder Verhaltenssanktionen bestehen. Sehr nachteilig wirkt es sich in solchen Konfliktsituationen aus, wenn Lehrpersonen in eine Verteidigungs- und Rechtfertigungshaltung übergehen.

Aber nicht nur Lehrpersonen, sondern auch Eltern können Probleme verursachen. Aus Lehrersicht wird relativ häufig die Schulabstinenz mancher Eltern genannt. Es handelt sich um Eltern, die vielleicht aus eigenen negativen Schulerfahrungen der Schule ablehnend gegenüber stehen, notwendigen Gesprächen gezielt aus dem Weg gehen und Elternabenden fernbleiben. Probleme bereiten auch Eltern, die zwar vordergründig schulinteressiert sind, aber im Elterngespräch familiäre Informationen, die für die Lösung von Lern- und Verhaltensproblemen wichtig wären, der Schule vorenthalten. Besonders belastend sind Eltern, die Konflikte mit Aggressivität zu lösen versuchen. Dies kann so weit gehen, dass Lehrpersonen bedroht oder gar körperlich angegriffen werden. Und schließlich können auch Eltern zum Problem werden, die sich über die Maßen und meist wegen unwichtiger Anlässe an die Lehrperson wenden.

Eine gute Lehrer-Eltern-Kommunikation setzt zunächst voraus, dass beide Kommunikationspartner sich gegenseitig achten, zum Zuhören bereit sind und den anderen aus dessen Perspektive zu verstehen versuchen. Hinzu muss die Einsicht kommen, dass Konflikte nicht machtorientiert, sondern im vernunftgeleiteten Dialog lösbar sind.

Kommunikationsproblemen kann sehr wirksam am Schuljahresbeginn vorgebeugt werden, wenn die Klassenleitung die Chance wahrnimmt, durch einen motivierenden Elternabend den Eltern den Sinn für das gemeinsame Ganze zu vermitteln und eine Atmosphäre des Vertrauens herzustellen. Können die Eltern deren Gesprächsbereitschaft deutlich wahrnehmen und verschwinden im Gefolge davon ihre eigenen Schulängste, sind die Kommunikationsbrücken gebaut. Darüber hinaus sollte sich die Klassenleitung regelmäßig mit den beiden Klassenelternvertretern austauschen und in Zusammenarbeit mit ihnen während des Schuljahres Begegnungen organisieren, die nicht nur aus den Elternabenden bestehen, sondern auch aus geselligen Meetings (z. B. Grillfest). Sehr förderlich für die gemeinsame Erziehung ist es, wenn die Elternabende dazu genutzt werden, lern- und erziehungspraktische Informationen, Anleitungen und Hilfen zu vermitteln.

Was sich auf der Klassenebene anbahnt, muss auf der Schulebene fortgesetzt werden. Dreh- und Angelpunkt ist das regelmäßige Gespräch zwischen Schulleitung und Elternbeirat. Stimmen Häufigkeit und Qualität dieser Kommunikation, kann daraus ein positives Arbeitsklima entstehen. Wichtig für dessen Entstehung ist, dass die Schulleitung den Elternbeirat ernst nimmt, seine Personen und deren Rechte achtet und die Elternschaft dazu motiviert, die Schulkultur aktiv mitzugestalten.

Die Eltern fühlen sich sehr ernstgenommen, wenn man sie in Form einer Kartenabfrage um Feedback zu folgenden zwei Leitfragen bittet:
- Was finden wir an der pädagogischen Arbeit in dieser Klasse gut?
- Was sollte verbessert werden?

Sehr von Vorteil ist, wenn das Lehrerteam, das diese Klasse unterrichtet, dabei anwesend ist. In diesem Falle können Änderungswünsche, die den Unterricht in den einzelnen Fächern betreffen, direkt besprochen werden. Falls nur die Klassenleitung anwesend ist, kann sie Probleme, die sie betreffen, klären und entsprechende Zielvereinbarungen treffen. An Kolleginnen und Kollegen gerichtete Änderungswünsche bespricht sie mit diesen nach dem Elternabend persönlich oder in einer Klassenkonferenz. Die Gesprächsergebnisse meldet sie den Eltern zurück.

12.3 Schüler-Schüler-Kommunikation

Obwohl sich Schülerinnen und Schüler in ihren täglichen Gesprächen viel Sachliches mitteilen, liegt der Schwerpunkt der Kommunikationsinhalte eher im Gefühls- und Beziehungsbereich. Sie erzählen sich Erlebnisse und Vorhaben, Freud und Leid, Sorgen und Ängste. Sie melden in einer sehr direkten Form zurück, was sie voneinander halten. Solche Rückmeldungen können sehr positiv und warmherzig sein, manchmal aber auch sehr verletzend.

Die Verbalaggression ist das hervorstechendste Symptom der Schülergewalt, nicht die körperliche Aggression. Dies ist ein klares Fazit aus der Forschung über Gewalt an Schulen (Bertet & Keller, 2011). Das heißt, dass eine Verrohung des jugendlichen Sprachverhaltens um sich greift. Diese Diagnose differenziert aber zu wenig zwischen der aggressiv erscheinenden Kommunikation, die eher einen spielerisch-kontaktierenden Charakter hat, und der bösartigen Kommunikation, die dem Nächsten ganz gezielt psychischen Schaden zufügen möchte.

In den kritischen Analysen des jugendlichen Sprachverhaltens wird gleichzeitig auch konstatiert, dass ein Defizit an positiven sozial-kommunikativen Ritualen wie das Grüßen, Verabschieden, Bedanken, Entschuldigen, Verzeihen sowie das höfliche Bitten und Fragen besteht.

Da die Schule auf keinen Fall voraussetzen kann, dass die Schülerinnen und Schüler von zu Hause ein voll entwickeltes positives Sozialverhalten mitbringen, muss sie das Kommunikationsverhalten gezielt und intensiv fördern. Zunächst bedeutet dies, dass man dort, wo Schülerinnen und Schüler Grundregeln der humanen Kommunikation verletzen, Grenzen zieht. Der Schüler, der den anderen psychisch verletzt, muss erkennen lernen, wo die Grenzen der Mitmenschlichkeit verlaufen. In solchen Situationen sollte man sich nicht davor scheuen, den Aggressor zur Entschuldigung und Wiedergutmachung aufzufordern.

Diese reaktiv-grenzziehenden Maßnahmen reichen jedoch nicht aus. Wer langfristig eine positive Kommunikationskultur aufbauen möchte, kommt um die Einübung von Kommunikationsregeln nicht herum. Dorthin führen zwei Wege. Der erste Weg ist der Klassenkodex (Keller & Hafner, 2003). Der zweite Weg ist das Training kommunikativer Kompetenzen (Klippert, 2012; Miller, 2013). Besonders geübt werden sollten das verständnisvolle Zuhören, das Entschlüsseln von Botschaften, das Fragen, das Rückmelden, das freie Erzählen, das Vortragen, das Diskutieren, das Gruppengespräch und das Leiten von Gesprächen.

12.4 Lehrer-Lehrer-Kommunikation

Das Lehrerkollegium ist das Herz jeder Schule. Es muss den Kreislauf der seelisch-sozialen Beziehungen aufrechterhalten. Geht es dem Herzen der Schule schlecht, leidet darunter auch die ganze Schule. Können die Lehrpersonen gut miteinander, wirkt sich dies auch positiv auf das Schulklima aus.

Kommuniziert wird im Kollegium in unterschiedlichen Kontexten. Ein Kontextbereich sind die formellen Beziehungen (Konferenzen, Dienstbesprechungen, Teamsitzungen). Ein mindestens ebenso so großer Kontextbereich sind die informellen Beziehungen (Pausengespräche, Freistundengespräche, Feiern, gemeinsame Unterrichtsplanung, gemeinsame Materialherstellung, kollegiale Hospitation). In diesen beiden Kontextbereichen ist die Verwechslung von Sachebene und Beziehungsebene sicherlich mit die größte Kommunikationsbarriere. Im Folgenden werden weitere Barrieren aufgezeigt, die bei der Ist-Analyse kollegialer Kommunikation immer wieder zum Vorschein kommen.

Barrieren bei der kollegialen Kommunikation

Kränkungen

Im Eifer täglicher Konflikte kommt es immer wieder zu destruktiven, entmutigenden Äußerungen, die sich nicht primär auf ein Fehlverhalten richten, sondern auf den Selbstwert des Kontrahenten. Ein Kollege sagt zu seiner führungsschwachen Kollegin: „Sie haben Ihren Beruf verfehlt." Solche Giftpfeile ins persönliche Zentrum des Mitmenschen beeinträchtigen das Selbstwertgefühl in starkem Maße.

Imponiergehabe

Manche Menschen zeigen sich ganz gern von ihrer besten Seite nach dem Motto: „Seht her, wer ich bin. Egal, welche Klasse, ich habe sie alle im Griff." Sie lassen sich im hellen Licht erscheinen und sichern ihren Selbstwert, indem sie andere abwerten.

Verschlossenheit

Machen sich in einem Kollegium Imponierwettbewerbe breit, wird bei eher ängstlichen Personen ein persönliches Sicherungssystem in Gang gesetzt. Negativ empfundene Anteile der eigenen Person, aktuelle Schwierigkeiten werden verborgen und getarnt. Der „Verschlossene" sagt zu sich: „Über Schwierigkeiten mit Schülern spreche ich nicht, die könnten mich für einen Versager halten."

Tratsch/Gerüchte

Je mehr sich einzelne Kollegiumsmitglieder aus Selbstschutzgründen verschließen, desto mehr wird über deren Fehler und Privatleben in abwertender Form heimlich kommuniziert. Im gleichen Maße steigt auch die Wahrscheinlichkeit, dass Gerüchte (nicht erwiesene Nachrichten) in Umlauf gelangen, die sich dann verselbstständigen und unkontrollierbar werden.

Grüppchenbildung

Das Kollegium zerfällt in Kleingruppen Gleichgesinnter. Man gibt sich keine Mühe, mit Personen zu kommunizieren, die einem auf Anhieb nicht so sympathisch sind. Ein derart fragmentiertes System erschwert die Integration von Kollegiumsneulingen.

Einzelkämpfertum

Man erlebt das Kollegium insgesamt als unangenehm und sieht keinen Sinn im Kooperieren, im Sich-Mitteilen und Austauschen. Der Blick ist nicht auf die Schule als gemeinsamen Lern- und Lebensraum zentriert, sondern auf das Klassenzimmer als privates Territorium. Man kommt dorthin, tut seine Pflicht und geht.

Aspekte für eine gelungene kollegiale Kommunikation

Kollegiale Kommunikation lässt sich nie völlig harmonisch, fehlerfrei und kongruent praktizieren. Immer wieder wird es zu Störungen, Blockaden und Missverständnissen kommen. Darüber hinaus erschweren unterschiedliche Persönlichkeiten und Kommunikationsstile das Miteinander. Konsequenz daraus muss sein, dass die Kommunikation gezielt weiterentwickelt wird. Eine Übersicht mit Tipps für einen „kollegialen Kommunikationskodex“ findet sich auch im Anhang auf Seite 98 f.

Achtung/Einfühlung/Echtheit

Man achtet sich als Menschen ungeachtet der persönlichen Verschiedenheit. Das Bemühen um diesen grundsätzlichen Respekt impliziert nicht, dass alles gutgeheißen werden muss. Man fühlt sich in den Mitmenschen ein und versucht ihn aus seiner Innenwelt heraus zu verstehen. Und man bemüht sich um Echtheit. Das heißt, dass das, was ausgesprochen wird, mit den tatsächlichen Gefühlen übereinstimmt.

Symmetrie

Man kommuniziert so, dass das, was man zum anderen sagt, er auch zu einem sagen kann. Man verzichtet auf Killerbotschaften. Kritisiert wird das störende Fehlverhalten, aber das Ehrgefühl des Nächsten wird nicht angegriffen.

Ich-Botschaften

Wenn einen am anderen etwas stört, bringt man seine emotionale Betroffenheit zum Ausdruck, und zwar in Ichform: „Über den unaufgeräumten Experimentiertisch habe ich mich sehr geärgert."

Aktives Zuhören

Man nimmt am Mitmenschen Anteil. Man hilft ihm, sich sein Problem von der Seele zu reden. Man achtet auf das, was ihm auf der Seele liegt, aber momentan nicht verbalisiert wird. Man drückt es in eigenen Worten aus: „Es war wohl schwer für dich, die Kränkung zu ertragen."

Offenheit

Man gewährt Einblick in die Innenwelt der Gedanken und Gefühle. Dies soll jedoch nicht grenzenlos sein. Anzustreben ist ein Mittelweg zwischen Distanz und Nähe. Voraussetzung ist, dass das, was man jemandem im Vertrauen mitteilt, von diesem nicht gegen einen verwendet wird.

Feedback

Will der Mensch sich weiterentwickeln, benötigt er Rückmeldungen. Der Mitmensch soll sagen dürfen, was der andere in ihm ausgelöst hat. Solche Rückmeldungen werden dann angenommen, wenn sie ehrlich und taktvoll sind. Direkte Rückmeldungen an Ärger-Verursacher sind besser, als eine Ärgerbewältigung in heimlicher Kommunikation.

Metakommunikation

Von Zeit zu Zeit ist es wichtig, dass aufeinander bezogene Menschen miteinander über den Verlauf, die Eigenarten und Schwierigkeiten ihrer Kommunikation reflektieren. Ziel ist die Klärung und Verbesserung der Beziehungen. Lehrerkonferenzen sollten dazu genutzt werden, die Kommunikation in Form von „Wetterberichten“ zu besprechen. Dieser Klimaanalyse können folgende Leitfragen zugrunde liegen: Wie geht es uns momentan? Wo gibt es Schwierigkeiten? Wie können diese behoben werden? Eine weitere Reflexionsvariante besteht darin, dass mithilfe eines Selbsteinschätzungsbogens zur Erfassung der kollegialen Kommunikation (siehe unten) eine Ist-Analyse durchgeführt wird und daraus Entwicklungsziele und Entwicklungsschritte abgeleitet werden.

Fragebogen zur Erfassung der kollegialen Kommunikation				
Beurteilen Sie an Hand der folgenden Aussagen die Kommunikation in Ihrem Kollegium. Geben Sie Ihre Meinung durch Ankreuzen an.				
	trifft zu	trifft eher zu	trifft eher nicht zu	trifft nicht zu
1. Bei uns herrscht ein gutes kollegiales Grundklima.	4	3	2	1
2. Wir haben viel Vertrauen zueinander.	4	3	2	1
3. Wir kommunizieren offen miteinander.	4	3	2	1
4. Wir pflegen einen freundlichen Umgangston.	4	3	2	1
5. Wenn jemand in Schwierigkeiten gerät, wird er unterstützt.	4	3	2	1
6. Wir nehmen aufeinander Rücksicht.	4	3	2	1

	trifft zu	trifft eher zu	trifft eher nicht zu	trifft nicht zu
7. Wir pflegen kollegiale Geselligkeit.	4	3	2	1
8. Wir sind kompromissbereit und verzichten auf die rigorose Durchsetzung von Einzelinteressen.	4	3	2	1
9. Wir entlasten uns durch gegenseitige Anteilnahme.	4	3	2	1
10. Wir integrieren rasch neue Kollegiumsmitglieder.	4	3	2	1
11. Wir reflektieren von Zeit zu Zeit unseren Umgang.	4	3	2	1
12. Wir haben einen gut funktionierenden Informationsfluss.	4	3	2	1
13. Die Werdeprozesse wichtiger Entscheidungen sind bei uns transparent.	4	3	2	1

Zum Nachdenken

Ein Rabbi kommt zu Gott: „Herr, ich möchte die Hölle sehen und auch den Himmel." – „Nimm Elias als Führer", spricht der Schöpfer, „er wird dir beides zeigen." Der Prophet nimmt den Rabbi bei der Hand. Er führt ihn in einen großen Raum. Ringsum Menschen mit langen Löffeln. In der Mitte, auf einem Feuer kochend, ein Topf mit einem köstlichen Gericht. Alle schöpfen mit ihren langen Löffeln aus dem Topf. Aber die Menschen sehen mager aus, blass, elend. Kein Wunder: Ihre Löffel sind zu lang. Sie können sie nicht zum Mund führen. Das herrliche Essen ist nicht zu genießen. Die beiden gehen hinaus: „Welch seltsamer Raum war das?" fragt der Rabbi den Propheten. „Die Hölle", lautet die Antwort. Sie betreten einen zweiten Raum. Alles genau so wie beim ersten. Ringsum Menschen mit langen Löffeln. In der Mitte, auf einem Feuer kochend, ein Topf mit einem köstlichen Gericht. Alle schöpfen mit ihren langen Löffeln aus dem Topf. Aber – ein Unterschied zu dem ersten Raum: Diese Menschen sehen gesund aus, gut genährt, glücklich. „Wie kommt das?“ – Der Rabbi schaut genau hin. Da sieht er den Grund. Diese Menschen schieben sich die Löffel gegenseitig in den Mund. Sie geben einander zu essen. Da weiß der Rabbi, wo er ist.

Rabbinische Weisheit

Weiterführende Literatur

Keller, G. (2002). *Qualitätsentwicklung in der Schule. Ziele, Methoden, kleine Schritte*. Heidelberg: Asanger.

Klippert, H. (2012). *Kommunikations-Training: Übungsbausteine für den Unterricht* (13. Aufl.). Weinheim: Beltz.

Miller, R. (2004). *99 Schritte zum professionellen Lehrer. Erfahrungen, Impulse, Empfehlungen* (5. Aufl.). Seelze: Kallmeyer.

13 Abschließende Bemerkungen

Eigentlich bin ich ganz anders, nur komme ich selten dazu.

Ödön von Horváth

Mit meinem Buch verband ich das Ziel, das Verständnis für kommunikative Vorgänge zu verbessern und Werkzeuge für den schulischen Kommunikationsalltag weiterzugeben. Das hierfür notwendige Grundwissen haben Sie sich angeeignet. Damit es wirksam wird, ist praktische Umsetzung angesagt, denn ein guter Kommunikator wird man letztlich nur durch Erfahrung und Übung, nicht allein durch Lesen.

An kommunikationspraktischen Anwendungsmöglichkeiten und Lerngelegenheiten mangelt es in der Schule nicht. Elternberatungen, Konfliktgespräche mit Schülern, kollegiale Gespräche, Teamsitzungen und Konferenzen laden Sie zur Umsetzung des Gelernten ein.

Gehen Sie beherzt in die Umsetzungssituationen und erproben Sie das neue Wissen. Nehmen Sie das, was gut gelungen ist, in Ihr professionelles Repertoire auf. Reflektieren Sie das, was Ihnen schwer gefallen ist oder nicht geklappt hat, mit einem Lernpartner Ihres Vertrauens. Begeben Sie sich mit ihm auf die Suche nach Ansatzpunkten für ein besseres Gelingen.

Ich wünsche Ihnen viel Erfolg und Freude auf dem Weg des persönlichen Weiterlernens.

Zum Nachdenken

Ein Esel, der mit Salz beladen war, musste durch einen Fluss waten. Er fiel hin und musste für einige Augenblicke in der kühlen Flut liegen. Beim Aufstehen fühlte er sich um einen großen Teil seiner Last erleichtert, weil das Salz im Wasser geschmolzen war. Langohr merkte sich diesen Vorteil und wandte ihn gleich an, als er, mit Schwämmen belastet, wieder durch diesen Fluss ging. Diesmal fiel er absichtlich nieder, sah sich aber arg getäuscht. Die Schwämme hatten nämlich das Wasser angesogen und waren bedeutend schwerer als vorher. Die Last war so groß, dass er erlag. Ein Mittel taugt nicht für alle Fälle.

Äsop

Literatur

Bamberger, G. (2010). *Lösungsorientierte Beratung* (4. Aufl.). Weinheim: Beltz Psychologie Verlags Union.

Bertet, R. & Keller, G. (2011). *Gewaltprävention in der Schule. Wege zu prosozialem Verhalten*. Bern: Huber.

Brehm, S. & Brehm, J. W. (1981). *Psychological reactance. A theory of freedom and control*. New York: Academic Press.

Buhren, C. G. (2012). *Kollegiale Hospitation. Verfahren, Methoden und Beispiele aus der Praxis* (2. Aufl.). Kronau: Link.

Ende, M. (1973). *Momo*. Stuttgart: Thienemann.

Fengler, J. (2009). *Feedback geben. Strategien und Übungen* (4. Aufl.). Weinheim: Beltz.

Glasl, F. (1997). *Konfliktmanagement. Ein Handbuch für Führungskräfte, Beraterinnen und Berater* (6. Aufl.). Bern: Haupt.

Hartkemeyer, M., Hartkemeyer, J. F. & Freeman, D. L. (2010). *Miteinander Denken. Das Geheimnis des Dialogs* (5. Aufl.). Stuttgart: Klett-Cotta.

Hendriksen, J. (2011). *Intervision. Kollegiale Beratung in sozialer Arbeit und Schule* (3. Aufl.). Weinheim: Juventa.

Hennig, C. & Ehinger, W. (2006). *Das Elterngespräch in der Schule* (6. Aufl.). Donauwörth: Auer.

Hennig, C. & Knödler, U. (2010). *Schulprobleme lösen. Ein Handbuch für die systemische Beratung*. Weinheim: Beltz.

Holtappels, H. G., Heitmeyer, W., Melzer, W. & Tillmann, K.-J. (Hrsg.). (2008). *Forschung über Gewalt an Schulen. Erscheinungsformen und Ursachen, Konzepte und Prävention* (5. Aufl.). Weinheim: Juventa.

Keller, G. (2002). *Qualitätsentwicklung in der Schule. Ziele, Methoden, kleine Schritte*. Heidelberg: Asanger.

Keller, G. (2010). *Disziplinmanagement in der Schulklasse. Unterrichtsstörungen vorbeugen – Unterrichtsstörungen bewältigen* (2. Aufl.). Bern: Huber.

Keller, G. (2010). *Vulkangebiet Schule. Konfliktdiagnose, Konfliktlösung, Konfliktprävention*. Bern: Huber.

Keller, G. & Hafner, K. (2003). *Soziales Lernen will gelernt sein. Lehrer fördern Sozialverhalten* (2. Aufl.). Donauwörth: Auer.

Kempfert, G. & Ludwig, M. (2010). *Besser und leichter unterrichten durch Kollegen-Feedback* (2. Aufl.). Weinheim: Beltz.

Klippert, H. (2012). *Kommunikations-Training: Übungsbausteine für den Unterricht* (13. Aufl.). Weinheim: Beltz.

Lahninger, P. (2005). *Widerstand als Motivation: Herausforderungen konstruktiv nutzen in Moderation, Training, Teamentwicklung, Coaching und Beratung* (2. Aufl.). Münster: Ökotopia.

Miller, R. (2013). *„Halts Maul du dumme Sau!" Schritte zum fairen Gespräch.* Karlsruhe: Schulwerkstatt-Verlag.

Montada, L. & Kals, E. (2007). *Mediation* (2. Aufl.). Weinheim: Beltz Psychologie Verlags Union.

Redlich, A. (2004). *Konfliktmoderation* (6. Aufl.). Hamburg: Windmühle.

Rogers, C. (2010). *Die nichtdirektive Beratung*. Frankfurt: Fischer.

Schulz, A. (2012). *Erfolgreich Elterngespräche gestalten: Professionelle Gesprächsführung für pädagogische Fachkräfte*. Kronach: Link.

Schulz von Thun, F. (2010a). *Miteinander reden 1. Störungen und Klärungen. Allgemeine Psychologie der Kommunikation* (48. Aufl.). Reinbek bei Hamburg: Rowohlt.

Schulz von Thun, F. (2010b). *Miteinander reden 2. Stile, Werte und Persönlichkeitsentwicklung. Differentielle Psychologie der Kommunikation* (32. Aufl.). Reinbek bei Hamburg: Rowohlt.

Schulz von Thun, F. (2010c). *Miteinander reden 3. Das „Innere Team" und situationsgerechte Kommunikation. Kommunikation, Person, Situation* (21. Aufl.). Reinbek bei Hamburg: Rowohlt.

Seeger, R. & Seeger, N. (2011). *Das professionelle Lehrer-Eltern-Gespräch. Praxisbuch für lösungsorientierte, wirkungsvolle Beratungsgespräche.* Augsburg: Brigg.

Senge, P. (2011). *Die fünfte Disziplin. Kunst und Praxis der lernenden Organisation* (11. Aufl.). Stuttgart: Schäffer-Poeschel.

Shazer, S. de (2002). *Der Dreh. Überraschende Wendungen und Lösungen in der Kurzzeittherapie.* Heidelberg: Carl-Auer-Systeme.

Szabo, P. & Berg, I. K. (2009). *Kurz(zeit)coaching mit Langzeitwirkung* (2. Aufl.). Dortmund: Borgmann.

Tietze, K. O. (2003). *Kollegiale Beratung* (5. Aufl.). Reinbek bei Hamburg: Rowohlt.

Walter, J. L. & Peller, J. E. (1999). *Lösungsorientierte Kurztherapie* (4. Aufl.). Dortmund: Verlag modernes Lernen.

Watzlawick, P., Beavin, J. H. & Jackson, D. D. (2011). *Menschliche Kommunikation. Formen, Störungen, Paradoxien* (12. Aufl.). Bern: Huber.

Watzlawick, P., Weakland, J. H. & Fisch, R. (2009). *Lösungen. Zur Theorie und Praxis menschlichen Wandels* (7. Aufl.). Bern: Huber.

Weisbach, C. R. (2008). *Professionelle Gesprächsführung. Ein praxisnahes Lese- und Übungsbuch* (7. Aufl.). München: Beck.

Anhang

1 x 1 der Gesprächsführung

1. Wählen Sie einen ruhigen, möglichst entspannenden Gesprächsort.
2. Begrüßen Sie den Gesprächspartner freundlich und klären Sie den inhaltlichen und zeitlichen Rahmen.
3. Achten Sie Ihren Gesprächspartner ungeachtet seiner Probleme als Mensch.
4. Fühlen Sie sich in den Gesprächspartner ein. Versetzen Sie sich in seine Perspektive.
5. Sagen Sie nicht alles, was Ihnen auf der Zunge liegt. Seien Sie aber bei dem, was sie sagen, offen und echt.
6. Nehmen Sie eine dem Partner zugewandte Körperhaltung ein (Blickkontakt!).
7. Sprechen Sie einfach, klar, anschaulich und langsam.
8. Hören Sie aufmerksam und verständnisvoll zu.
9. Führen Sie das Gespräch möglichst mithilfe von Fragen.
10. Fassen Sie die Gesprächsinhalte immer mal wieder kurz zusammen.
11. Achten Sie nicht nur auf das Was des vom Gesprächspartner Gesagten, sondern auch auf das Wie (Tonfall, Mimik, Gestik, Körperhaltung).
12. Helfen Sie dem Gesprächspartner, Gefühle zum Ausdruck zu bringen.
13. Verstärken Sie das Selbstwertgefühl des Gesprächspartners dort, wo es angebracht ist, durch Wertschätzung, Anerkennung und Ermutigung.
14. Äußern Sie Kritik sachlich und fair. Vermeiden Sie Botschaften („Killerphrasen“), die das Ehrgefühl des Gesprächspartners verletzen.
15. Fallen Sie dem Gesprächspartner nicht ins Wort. Unterbrechen Sie ihn dann, wenn Sie eine Verständnisfrage für angebracht halten oder wenn er zu monologisieren beginnt.
16. Vermitteln Sie nicht zu viele Informationen auf einmal. Halten Sie sich möglichst an die Eine-Minute-Regel.
17. Beteiligen Sie den Gesprächspartner aktiv an der Erarbeitung von Zielen und Lösungen.
18. Falls für den Beratungserfolg nötig, vereinbaren Sie eine Erfolgskontrolle.
19. Fassen Sie die wesentlichen Gesprächsergebnisse zusammen.
20. Formulieren Sie einen motivierenden Schlusskommentar und verabschieden Sie den Gesprächspartner freundlich.

Allgemeine Tipps für Konfliktgespräche

1. Sprechen Sie das Problem möglichst früh an. Je mehr Zeit Sie verstreichen lassen, desto mehr Ärger staut sich auf und desto schwieriger wird die Konfliktlösung.
2. Fragen Sie Ihren Gesprächspartner, ob er für Sie Zeit hat, oder äußern Sie ganz einfach Ihren Wunsch, mit ihm sprechen zu wollen.
3. Führen Sie das Gespräch an einem separaten Ort und in ungestörter Atmosphäre.
4. Bringen Sie das Konfliktthema in der Ich-Form vor. Sagen Sie, was Sie stört, worüber Sie sich ärgern, womit Sie unzufrieden sind.
5. Tragen Sie Ihre Streitpunkte so vor, dass klar ist, was Tatsachen und was Vermutungen sind.
6. Lassen Sie Ihrem Gesprächspartner angemessen Zeit, seine Sichtweise darzulegen.
7. Hören Sie ihm aufmerksam zu und versuchen Sie sich in ihn hineinzuversetzen.
8. Verhalten Sie sich höflich und fair. Vermeiden Sie Killerbotschaften.
9. Trennen Sie zwischen sachlichen und emotionalen Konfliktanteilen.
10. Wiederholen Sie das, was Ihr Gegenüber gesagt hat, in eigenen Worten.
11. Stellen Sie konstruktive W-Fragen (Was? Wie? Woran? Wer? Wo?).
12. Vermeiden Sie vorschnelle Wertungen und Schlussfolgerungen. Bleiben Sie offen für neue Erkenntnisse und Gesichtspunkte.
13. Äußern Sie Kritik möglichst in Form von Erwartungen und Wünschen.
14. Entspannen Sie kritische Gesprächsphasen durch Humor und positives Umdeuten.
15. Heben Sie Punkte hervor, in welchen Sie mit Ihrem Gegenüber übereinstimmen.
16. Finden Sie ein gemeinsames Ziel und lenken Sie Ihre Energien darauf.
17. Sammeln Sie mit Ihrem Gesprächspartner Lösungsideen und suchen Sie die beste aus.
18. Fassen Sie die Gesprächsergebnisse zusammen und sagen Sie klar, was wer künftig anders macht.
19. Vereinbaren Sie ein Folgegespräch, das der Erfolgskontrolle oder eventuell auch der Behandlung weiterer Konfliktpunkte dienen soll.
20. Formulieren Sie einen motivierenden Schlusskommentar und verabschieden Sie ihren Gesprächspartner freundlich.

Spezielle Tipps für telefonische Konfliktgespräche

- Beginnen Sie das Gespräch freundlich. Ihr Lächeln kann man hören!
- Achten Sie auf die Emotionen des Gesprächspartners, aber lassen Sie sich von ihnen nicht anstecken. Beobachten Sie sich genau.
- Bleiben Sie cool und lassen Sie ihn aussprechen.
- Versetzen Sie sich kurz in die Innenwelt des Gegenübers. Finden Sie heraus, warum er momentan so verärgert ist.
- Spiegeln Sie seine Gefühle: „Ich merke, dass Sie enttäuscht sind."
- Zeigen Sie Verständnis für sein Anliegen: „Ich kann verstehen, dass Sie verärgert sind." Nehmen Sie Beschwerden ernst.
- Wenn Sie tatsächlich Fehler gemacht haben, leugnen Sie diese nicht, sondern übernehmen Sie Verantwortung.
- Hören Sie Ihrem Gesprächspartner genau zu, um zu verstehen, was er meint und will.
- Unterbrechen Sie ihn aber dann, wenn er zu lange spricht.
- Fassen Sie das, was er gesagt hat, nochmals in eigenen Worten zusammen: „Sie meinen also ..."
- Stellen Sie Fragen: Wer fragt, der führt!
- Reagieren Sie auf Aggressionen nicht mit Gegenaggressionen, sondern senden Sie eine Ich-Botschaft („Ich möchte, dass Sie mit mir höflich umgehen").
- Sagen Sie „Stopp", wenn Sie nicht mehr folgen können.
- Fragen Sie Ihren Gesprächspartner, wie er sich eine Lösung vorstellt.
- Falls er keine Ideen hat, bieten Sie Lösungsmöglichkeiten an. Motivieren Sie Ihn gezielt: „Damit ich Ihnen helfen kann, benötige ich noch ..."
- Benutzen Sie gute Argumente, die der Gesprächspartner nachvollziehen kann. Überzeugen ist besser als Überreden!
- Nennen Sie klar Ihre Möglichkeiten und Ihre Grenzen.
- Halten Sie das Gesprächsergebnis fest und vereinbaren Sie das, was noch getan werden kann.
- Brechen Sie ein Gespräch nur dann ab, wenn man Sie gravierend beleidigt und verletzt. Begründen Sie Ihren Abbruch und bieten Sie einen erneuten Kontakt an.

Der kollegiale Kommunikationskodex

- Wir achten uns als Menschen mit all unserer Verschiedenheit. Das Bemühen um diesen grundsätzlichen Respekt bedeutet nicht, dass wir alles gutheißen müssen.
- Wir bemühen uns um wechselseitige Anteilnahme. Probleme versuchen wir aus dem Blickwinkel des anderen zu verstehen.
- Wir streben nach Echtheit. Das heißt nicht, dass wir alles, was uns auf der Zunge liegt, aussprechen, sondern prinzipiell offen sind.
- Wir reden so miteinander, dass das, was ich zum anderen sage, er auch zu mir sagen kann. Wenn uns etwas aneinander missfällt, richten wir unsere Kritik auf das Fehlverhalten und verzichten auf Kränkungen.
- Wenn uns am anderen etwas stört, bringen wir unsere Gefühle in der Ich-Form zum Ausdruck.
- Wir achten darauf, dass das, was wir uns sprachlich mitteilen, sich mit dem, was wir dabei fühlen, einigermaßen in Einklang befindet.
- Wir führen miteinander Entlastungsgespräche. Sie dienen dem Stressabbau. Dies können sowohl kurze Pausengespräche als auch längere vertrauliche Gespräche sein. Die Entlastung gelingt umso besser, je mehr wir einander aktiv zuhören.
- Was wir uns im Vertrauen mitteilen, verwenden wir nicht gegeneinander. Wir reden nicht über andere Kollegen, sondern sprechen sie direkt an.
- Wir pflegen Geselligkeit. Gemeinsame Feiern und Aktivitäten fördern das Wohlbefinden und das Zusammengehörigkeitsgefühl.
- Wir verzichten auf die rigorose Durchsetzung unserer Standpunkte. Wir sind kompromissbereit.
- Von Zeit zu Zeit reflektieren wir gemeinsam die Art und Weise, wie wir miteinander umgehen.
- Wir fördern gezielt die Integration von Kollegiumsneulingen. Wir kümmern uns um Kolleginnen und Kollegen, denen es momentan nicht gut geht.
- Wir gestehen Fehler ein. Wir sind bereit, voneinander zu lernen.
- Wir unterstützen uns fachlich-methodisch. Wir planen, praktizieren und reflektieren gemeinsam Unterricht.

- Bei gravierenden Disziplinkonflikten setzen wir uns zusammen und streben eine gemeinsame Lösung an. Wir schützen Kolleginnen und Kollegen, die Schüler- und Elternaggressionen ausgesetzt sind.
- Wir intensivieren den Informationsfluss in unserem Kollegium. Dieser kann gefördert werden durch spezielle Tagesordnungspunkte in Konferenzen und Teilkonferenzen, durch E-Mails, durch Lehr- und Lernmittelausstellungen.
- Alle, die Schulleitung eingeschlossen, bemühen sich darum, im Werdeprozess von Entscheidungen für mehr Transparenz zu sorgen. Jeder weiß somit, woran er als Mitglied des Ganzen ist.

Buchtipps

Theo IJzermans · Coen Dirkx

Wieder Ärger im Büro?

Mit Emotionen am Arbeitsplatz konstruktiv umgehen

2012, 74 Seiten, Kleinformat,
€ 14,95 / CHF 21,90
ISBN 978-3-8017-2472-6

Eberhardt Hofmann

Verhaltens- und Kommunikationsstile

Erkennen und optimieren

2011, 214 Seiten, Kleinformat,
€ 19,95 / CHF 28,50
ISBN 978-3-8017-2346-0

Theo Ijzermans · Roderik Bender

Wie mache ich aus einem Elefanten wieder eine Mücke?

Mit Emotionen konstruktiv umgehen

2013, 155 Seiten, Kleinformat,
€ 16,95 / CHF 24,50
ISBN 978-3-8017-2476-4

HOGREFE